Hermann Birschel (Hg.)
Geistliche Gemeindeleitung

Hermann Birschel (Hg.)

Geistliche Gemeindeleitung

Grundlagen und praktische Schritte

Aussaat Verlag

Verlagsgesellschaft des Erziehungsvereins mbH,
D-Neukirchen-Vluyn
Titelgestaltung: Hartmut Namislow unter Verwendung mehrerer
Fotos © MEV
Gesamtherstellung: Breklumer Druckerei Manfred Siegel KG
Printed in Germany
ISBN 3-7615-5227-0
Bestell-Nummer 155 227

Inhaltsverzeichnis

Vorwort

- Wie kann ein Kirchenvorstand über der umfangreichen Verwaltungsarbeit die geistliche Leitung der Gemeinde wahrnehmen?
- Wie kann ein Kirchenvorstand, eine Gemeinde Zielvorstellungen entwickeln und dann auch umsetzen?
- Wie kann eine Gemeinde angemessen auf die Herausforderungen unserer Zeit reagieren und dabei ihrem Auftrag treu sein?
- Wie kann das Miteinander von Haupt-, Nebenberuflichen und Ehrenamtlichen fruchtbar gestaltet werden?
- Was muss geschehen, damit das «Allgemeine Priestertum» wirklich gelebt werden kann?

Vor diesen und ähnlichen Fragen stehen die Autorin und die Autoren dieses Buches häufig. Sie begleiten und beraten Gemeinden und deren Kirchenvorstände. Sie führen regelmäßig Tagungen und Fortbildungen für deren Mitarbeitende durch.
Dabei begegnen ihnen die Spuren der Entwicklung, die die Volkskirchen in den vergangenen Jahrzehnten mitgemacht haben: zurückgehende Mitgliederzahlen und damit einher gehend gesellschaftlicher Bedeutungsverlust als Rahmenbedingungen – hoch engagierte und hoch motivierte, aber manchmal auch überlastete oder müde Mitarbeitende vor Ort.
Wenn eine Gemeinde sich neu auf den Weg machen möchte, ist es sinnvoll, an einer Stelle anzufangen – bei der Analyse der Gemeindesituation, bei den vorhandenen Mitarbeitenden, bei einem biblischen Leitbild, in einem konkreten Bereich des Gemeindelebens... Wird hier gründlich hingeschaut und werden hier Perspektiven gefunden, wird auch

anderes sich ordnen, und Schritt für Schritt kann so ein «Zimmer» der Gemeinde nach dem anderen renoviert werden.
Eine besondere Chance ist der Neubeginn eines Kirchenvorstands oder Presbyteriums: Hier ist eindeutig eine Zäsur markiert, und die Mitglieder haben einen zeitlich klar umrissenen Auftrag für die nächsten sechs Jahre. Da leuchtet es ein, mit einer Analyse der Gemeindesituation zu beginnen und gemeinsam Perspektiven zu erarbeiten.
Unser Buch möchte Ihnen dafür Vorschläge an die Hand geben. Sie müssen es nicht von vorne nach hinten durchlesen – die Aufgabe der «geistlichen Gemeindeleitung» wird in unterschiedlichen Feldern und Perspektiven beschrieben, die auf Ihre Situation unterschiedlich zutreffen und Sie persönlich unterschiedlich ansprechen werden. Fangen Sie also da an, wo es Ihnen im Moment besonders einleuchtet!
Fertige Rezepte für den Gemeindeaufbau kann und will dieses Buch nicht geben: Zum einen sind die Situationen und Menschen dafür zu unterschiedlich – aber noch entscheidender ist das zweite: Es muss *Ihr* Gemeindeaufbau sein, der von *Ihnen* gewollt und von *Ihnen* umgesetzt wird.
Damit dies gelingen kann, muss freilich eine weitere Dimension hinzukommen: das Vertrauen in Gottes Heiligen Geist, der nicht neben uns, sondern in uns, mit und durch uns Menschen im Glauben wachsen lässt und Gemeinde baut. Darum beginnt unser Buch mit einem Kapitel zum Thema «Gottoffenheit» und Überlegungen zur Frage der geistlichen Leitung der Gemeinde.
Im Vertrauen auf sein Wirken können wir uns auf den Weg machen.
Wir wünschen Ihnen für die nächsten Schritte auf Ihrem Weg Gottes Segen!

Eingespannt zwischen Himmel und Erde

Christine Noschka / Paul Martin Clotz

Die Amtszeit der Kirchenvorstände beginnt mit einem Gottesdienst, in dem für die gewählten Männer und Frauen der Heilige Geist erbeten wird. Die Beauftragung kann auch mit Handauflegung vollzogen werden. So wird erlebbar, was es mit diesem Amt Besonderes auf sich hat.

Das Leitungsgremium der Gemeinde ist sozusagen eingespannt zwischen Himmel und Erde. In allen Belangen der Gemeinde, sei es in Fragen der Verwaltung oder der Personalverantwortung oder in der Beratung inhaltlicher Fragen, haben sich die Kirchenvorsteherinnen und Kirchenvorsteher für Gott offen zu halten. Sie dürfen bei ihren Aufgaben mit dem Wirken des Heiligen Geistes rechnen. Sie sind nicht allein in ihren Entscheidungen. Daraus ergibt sich eine Spannung, nämlich zwischen Kenntnissen, Fähigkeiten und Professionalität auf der einen und der Offenheit für Gott auf der anderen Seite.

Was ist nun eigentlich unter Offenheit für Gott zu verstehen? Wie wirkt sie im Gemeindealltag des Leitungsgremiums?

Wer sich für Gott offen hält, kann aufatmen, weil er nicht alles allein können muss. Letztlich hängt es nicht am Kirchenvorstand (und auch nicht am Pfarrer oder der Pfarrerin), ob sich ein lebendiges und vielfältiges Gemeindeleben entwickelt. Offenheit für Gott heißt, immer mit Gottes Anwesenheit zu rechnen und dafür mehr und mehr in eine fragende und wartende Haltung hinein zu wachsen.

In einer Konferenz kann das heißen, die eigene Person und Ansicht nicht in den Mittelpunkt zu stellen. Ich bringe meinen

Blickwinkel ein, stelle meine Fähigkeiten dem Gremium zur Verfügung und bitte um Ergänzung durch die anderen. Es kommt mir nicht darauf an, mich mit meiner Einschätzung durchzusetzen, sondern der gemeinsamen Aufgabe zu dienen. Das Ergebnis der Beratungen gewinnt seine Qualität für mich dadurch, dass es der jeweiligen Aufgabe am besten dient.

Gottoffenheit zähmt persönlichen Durchsetzungswillen und hilft mir, in Aufgabentreue und Objektivität über die Belange der Gemeinde zu entscheiden.

In der Zusammenarbeit mit haupt- oder ehrenamtlich Mitarbeitenden in der Gemeinde bedeutet sich für Gott offen halten zum Beispiel, achtsam und wertschätzend miteinander umzugehen. Wer um seinen eigenen begrenzten Blick weiß, wird nicht vorschnell Urteile fällen und die Arbeit und Einschätzungen der anderen abwerten.

Natürlich gibt es Situationen, die Grenzziehungen erfordern und im Extremfall auch zu dienstrechtlichen Konsequenzen führen können. Für Gott offen sein kann hier meinen, sich den Blick frei zu halten von Sympathie und Antipathie, eventuell auch für eine gewisse Zeit die Schwäche eines Mitarbeiters zu tragen oder nach Möglichkeiten zu suchen, wie die Fähigkeiten der Mitarbeiterinnen ergänzt werden können um das, was fehlt.

Offenheit für Gott bedeutet, ich selbst beginne damit, in eine Haltung zu wachsen, die sich am liebenden Blick Gottes orientiert, und damit werde ich auch anderen Wachstum ermöglichen und Geduldskräfte ausbilden.

Diese Haltung wächst mir natürlich nicht einfach mit dem Augenblick zu, in dem ich in das Gremium des Kirchenvorstandes gewählt werde. Deswegen ist es gut, wenn jede und jeder diese Haltung zu Hause und im Alltag einübt in Gebet, Meditation und Bibellese. Aber hilfreich ist es auch für die Gemeinschaft des Kirchenvorstands, sich miteinander auf solche Übungen einzulassen. Das beginnt mit dem Beten oder

der Andacht zu Beginn der jeweiligen Sitzung. Aber geistliche Themen müssen überhaupt auf den Tagesordnungen vorkommen und Gewicht und gute Position bekommen.
Eingeübt wird die geistliche, für Gott offene Haltung auch in der Mitgestaltung der Gottesdienste und in gemeinsamen Einkehrwochenenden.
(Hinweise für die Gestaltung solcher Tagungen finden sich weiter unten.)
Schließlich ist offenkundig, dass gute Vorbilder nachhaltig prägen. Ein Kirchenvorstand, der sich um eine geistliche Qualität seiner Arbeit in der Gemeinde müht und selbst eine Praxis in diesen Fragen hat, wird in die Gemeinde ausstrahlen. Denn eine spirituelle Amtsführung der Kirchenvorsteherinnen und Kirchenvorsteher wirkt sich in allem Tun und Lassen aus. Vom ersten hessen-nassauischen Kirchenpräsidenten Martin Niemöller ist die schöne begleitende Frage für Christen, die Entscheidungen zu treffen haben, überliefert: «Was würde Jesus dazu sagen?» Ob er diese Frage auch bei allen Beschlüssen und Handlungen der Kirchenleitung und der Verwaltung angewendet hat, ist allerdings nicht überliefert.
Auch dieses eröffnet ein Übungsfeld. Mit Gottes liebender Anwesenheit in der Gemeinde, im Kirchenvorstand, im eigenen Leben zu rechnen, hat Folgen. Das kann z.B. heißen, dass sich Einzelne den einen oder anderen der folgenden Sätze zu eigen machen und sie immer wieder einzuüben versuchen:

- Das dreifache Liebesgebot ist die Richtschnur meines Handelns.
- Ich gehe mit anderen Leuten zutraulich und verantwortungsvoll um.
- Ich traue jeder und jedem viel Gutes zu.
- Ich rechne mit menschlichen Schwächen und gehe mit Fehlern liebevoll um.
- Ich lerne meine eigenen Begrenzungen erkennen und akzeptieren.

- Ich weiß, dass ich auf Stärken und viele gute Möglichkeiten anderer bauen kann.
- Ich muss mich in der Gemeinschaft nicht selbst groß herausbringen. Ich gebe meine (begrenzten) Möglichkeiten in sie hinein, an sie ab.
- So übe ich mich in Verzicht und Demut.
- Ich arbeite gegen meine Neigungen, neidisch zu sein und misstrauisch über andere wachen zu wollen.
- Ich möchte helfen, dass Kirchenvorstand und Gemeinde immer mehr zu herrschaftsfreien Räumen werden (denn es gibt ja nur einen Herrn!). Das wird den Umgang des Kirchenvorstands mit Macht z.B. auch in Anstellungsverhältnissen verändern.
- Ich lebe von der Menschwerdung Gottes, also werde ich auf Menschlichkeit, auf menschliches Maß wie Verlangsamung, Bescheidenheit, Geduld und Leben in fröhlicher Hoffnung vertrauen.

Solche Sätze, wie oben formuliert, können zunächst wohl nur persönlich und in der Ich-Form gefasst werden. Denn die Wahrheit dieser Sätze lässt sich nicht durch logische Schlussfolgerungen herbei zwingen. Es sind Erfahrungssätze. Es käme nun darauf an, dass sie im Miteinander und in der Gemeinschaft für alle eine Rolle spielten. Dann würde etwas von diesem Geist Gottes und von der Be-Geisterung in die Gemeinde hinein spürbar werden und Einfluss gewinnen. Gemeinde wird dann zum erlebbaren und fassbaren «Leib Christi» und zur «Familie Gottes». Vielleicht können Sie einzelne dieser Sätze in Ihrem Kirchenvorstand besprechen und zu einer gemeinsamen Richtschnur werden lassen.

Literaturhinweise:
Zur Entwicklung einer eigenen Gebetspraxis sind hilfreich:
Franz Jalics: Lernen wir beten, Eine Anleitung, mit Gott ins Gespräch zu kommen. Würzburg 1996

Hubertus Halbfas: Der Sprung in den Brunnen, Eine Gebetsschule, Düsseldorf 1981
Gerhard Ruhbach: Geistlich leben, Wege zu einer Spiritualität im Alltag, Gießen 1997 (Reihe Geistlich leben 1)
Reinhard Deichgräber: Gottes Willen erkennen und tun, Gießen (Reihe Geistlich leben 2)

Geistliche Gemeindeleitung

Paul-Ulrich Lenz

Vor mir liegt ein Brief: «Ich verstehe immer noch nicht so richtig, was Du mit geistlicher Gemeindeleitung meinst? Reicht es Dir nicht, wenn die Gemeinde ordentlich verwaltet wird – wenn Haus und Hof, Kirchturm und Kindergarten vom Kirchenvorstand und dem Pfarrer vernünftig geführt werden? Reicht es Dir nicht, wenn Sitzungen gut vorbereitet sind, wenn sie nicht endlos werden – wenn es nicht die berüchtigten Nach-Sitzungen zu Hause gibt, wo ein gestresster Ehepartner aufarbeiten muss und zum Mülleimer gemacht wird? Was willst Du denn noch?»

Ja, was will ich eigentlich noch? Warum bin ich nicht mit dem zufrieden, was meine Gesprächspartnerin mir vorhält? Sie geht mit ihren Anfragen zurück auf Äußerungen, die ich im Gespräch gemacht habe. Meine Position war: Vieles, was als Leitungsaufgabe in einer Kirchengemeinde wahrzunehmen ist, gibt es genauso in allen anderen Vereinen, Behörden, Leitungsgremien. Aber es gibt daneben noch Anderes, Besonderes – und dieses Andere, Besondere markiert für mich der Ausdruck «Geistliche Gemeindeleitung.» Offensichtlich war es für mich schwierig, das «Mehr» oder «Anders» rüberzubringen – deshalb hakt meine Gesprächspartnerin jetzt im Brief nach.

Darin aber hat sie Recht: Wenn die handwerkliche Seite der Leitungsaufgabe gut gemacht wird, dann ist das schon viel – und es ist nicht selbstverständlich. Es ist ein wichtiger Anteil geistlicher Gemeindeleitung. Auch darum ist es gut, dass es für diese Anforderungen Handwerkszeug, Anleitungen, Fortbildungen gibt.

Aber – was ich mit «geistlicher Gemeindeleitung» meine, geht darin nicht auf: Es macht das alles nicht überflüssig, sondern nimmt es in Anspruch und kann hoffentlich davon profitieren.
In vier Schritten benenne ich Aspekte, die mir wesentlich erscheinen.

1. Geistliche Gemeindeleitung – sich offen halten für den Einfluss Gottes

Das ist das erste und Grundlegende. Menschen in der Leitungsverantwortung der Gemeinde halten sich offen für Gott. Geistliche Gemeindeleitung lebt vom Geist Gottes, der unverfügbar, aber versprochen ist: Der Geist weht, wo er will. Darum ist geistliche Gemeindeleitung nicht aus unserem Wollen heraus machbar – und doch muss sie von uns gewollt werden. Menschen, die Leitungsverantwortung in der Gemeinde tragen, öffnen sich der Leitung durch den Geist – und Menschen, die in der Gemeinde geleitet werden, halten sich gleichfalls offen für die Leitung durch Gottes Geist. Es wächst ein Rechnen mit der Beeinflussung von Entscheidungsprozessen durch den Geist Gottes, auch und gerade da, wo die solide «handwerkliche Arbeit» der Leitung geschieht und wo sachlich Ziele, Wege und Aufgaben geklärt werden.
Im Beten vertrauen die Leitenden auf Gott und seine Gegenwart. Gebet ist mehr als nur eine Frömmigkeitsübung. Es hält offen für den Einfluss Gottes, es bewahrt das Wissen um die eigene Beschränkung und Begrenzung. Darum darf die Andacht bei einer KV-Sitzung nie ein formaler Vorgang werden, der zügig und gekonnt abzuhandeln wäre. So wäre die Andacht eine unverbindliche religiöse Verzierung eines Leitungsvorganges, der dann den üblichen Regeln von Sitzungsleitung und Tagesordnung folgt. Im Sinn der geistlichen Ge-

meindeleitung ist die Andacht die Erinnerung an die Geistesgegenwart und die Einstimmung in ein Vorhaben, das sich dem Leiten Gottes anvertrauen will.

2. Geistliche Gemeindeleitung: Grundlagen für die Entwicklung der Gemeinde klären.

Ein Kirchenvorstand fängt an, darüber zu reden, zu träumen, zu streiten, was er in den nächsten Jahren tun will, damit Christinnen und Christen in ihrem Glauben Tiefe erfahren, damit Fragende vielleicht entdecken, dass christlicher Glaube Richtung in ihr Suchen bringt. So nimmt er geistliche Gemeindeleitung wahr: «Wir wollen, dass Menschen in der Gemeinde ihren Glauben teilen und leben können – nach innen mit anderen in der Gemeinde und nach außen in der Begegnung mit solchen, die nicht mehr oder noch nicht glauben.» Von diesem Satz her versucht ein Kirchenvorstand Prioritäten zu entwickeln.
Dazu hilft es, sich auf einfache Stichworte zurück zu beziehen, die eine Art Leitmotto werden können:
- Glauben vertiefen
- Menschen gewinnen
- Gemeinde gestalten

Bei sich selbst anfangen
Meine Überzeugung ist: Ein Kirchenvorstand wird nur dann Menschen zu einer Vertiefung ihres Glaubens ermutigen, wenn er in sich selbst das Gespräch über die Hoffnungen, Träume, Fragen, Zweifel übt und darin erfährt: unser Glaube gewinnt so an Tiefe und Kraft. Was mir selbst kostbar und wertvoll ist, kann ich auch begeisternd weiter vermitteln.
Darum brauchen Kirchenvorstände eingeplante Zeit für das Gespräch über den eigenen Glauben, die eigenen Zweifel, die eigenen Hoffnungen und die eigenen Erkenntnisse an der

Bibel, selbst wenn es möglicherweise mehr Fragen als Antworten gibt. Dies ist keine Verwechslung des Kirchenvorstandes mit der Bibelstunde. Vielmehr gelingt es so dem ganzen Gremium, sich der gemeinsamen Grundlagen zu vergewissern und die eigenen Entscheidungen daran auszurichten.
Was sich auf den ersten Blick sehr nach innen gewendet anhört, ist doch ganz stark nach «außen» orientiert. Wer weiß, wer er/sie ist, der kann sich öffnen und Fremdem begegnen. Grenzüberschreitungen in der Gemeinde fördern die Fähigkeit zur Verständigung und Auseinandersetzung. Ich glaube: Was nicht in der Gemeinde geübt wird, kann auch nicht außerhalb der Gemeinde gelebt werden.

Von innen nach außen

Was nach innen in der Gemeinde geschieht, gleicht dem Trainingsbetrieb eines Sportvereines. Auf dem Trainingsplatz wird geübt, was der Sportler im Wettkampf können soll. So wird in der Gemeinde, im Schutzraum der vertrauten Gedanken und Menschen, der grundlegenden Übereinstimmungen, der gemeinsamen Bekenntnisse und offenen Fragen geübt, was sich im Gegenüber skeptischer Zeitgenossen und oft genug gottloser Strukturen bewähren soll.
Darum liegt das Ziel einer vitalen Gemeinde nicht in einer stetig wachsenden Zahl von Gemeindekreisen, in denen – schreckliche Vorstellung – immer mehr Leute um immer gleiche Themen kreisen. Gemeinde lebt darin auf und steckt mit Leben an, dass Christen und Christinnen ermutigt werden zum Leben als Christ in der «Diaspora», der Zerstreuung unserer Zeit.
Das Gebot der Stunde oder die Vorbereitung auf die Zukunft ist gerade nicht der Rückzug in den frommen oder kirchlichen Kreis der Gleichgesinnten. Bewährungs- und Zukunftsort des christlichen Glaubens ist vor allem die Alltagswelt in Büros, Schulen, Arztpraxen, Fabrikhallen, Familien – wo Wort und Tat der Christen und Christinnen erwartet und erhofft

werden. Darauf vorzubereiten und dazu zu bestärken, ist ein ganz wichtiges Ziel geistlicher Gemeindeleitung.

3. Geistliche Gemeindeleitung: Wege beschreiben

Gemeinde soll nach innen wachsen – in der Tiefe des Glaubens. Sie soll nach außen wachsen – in der Begegnung mit Menschen. Sie soll in ihrer Hingabe wachsen – in solidarischem Handeln und in ausgeübter Nächstenliebe, was heute vielfach heißt: nachbarlicher Aufmerksamkeit. Wie kommt eine Gemeinde dazu, diese Ziele umzusetzen?
Das ist die dritte Aufgabe geistlicher Gemeindeleitung: Sie darf nicht nur hehre Ziel setzen, sondern sie muss nach Wegen fragen, die diesen Zielen auch entsprechen. Es nützt ja nichts, von einer idealen Gemeinde zu träumen – Gemeinde vor Ort ist nicht ideal. Wie unter ihren Bedingungen, mit ihren Möglichkeiten Wege eröffnet werden können, um die entdeckten Ziele zu erreichen – das kostet Mühe.

Einübung in das allgemeine Priestertum
Das Priestertum aller Gläubigen gehört zu den evangelischen Grundwahrheiten, wenn es um Kirche und Gemeinde geht. Und doch bleibt die Wirklichkeit in vielen Gemeinden hinter dem hohen Anspruch weit zurück. Was können wir tun, damit aus einer bloßen Worthülse eine lebendige Erfahrung wird?
Ich glaube, alles fängt mit einer schlichten Erkenntnis an: «Nicht wir helfen dem Pfarrer bei seiner Arbeit, sondern der Pfarrer hilft uns bei unserer Arbeit.» Zu lange wurde von den Gemeindegliedern als den Mitarbeitern der Pfarrerin/des Pfarrers geredet und damit das Bild verfestigt: Nur was der Pfarrer/die Pfarrerin nicht mehr schafft, das dürfen andere MitarbeiterInnen in der Gemeinde tun. Statt dessen ist einzuüben, dass Pfarrer und Pfarrerinnen die Mit-Arbeiter der Ge-

meinde sind – sie fördern mit ihrem Dienst, dass die Glieder der Gemeinde ihre Aufgaben wahrnehmen lernen und können. Das erfordert auch, dass die ganz «normalen Gemeindeglieder» erfahren, dass sie nicht nur Objekte der Leitung sind, sondern selbst an der Leitung der Gemeinde beteiligt werden – durch ihre Wünsche, ihre Kreativität, ihre Gaben. Geistliche Gemeindeleitung geht nicht nur von oben nach unten, sie geht auch von unten nach oben.

Ängste durchstehen helfen

Es wäre schön, wenn die Erkenntnis sofort eine neue Praxis hervorbrächte. Die Wirklichkeit sieht häufig anders aus: Umdenken und Neuleben in dieser Richtung ist ein Weg durch Ängste bei allen Beteiligten. Jeder Aufbruch aus alten Verhaltensmustern ist mit Ängsten besetzt und bringt Verlustängste ans Licht. Es gibt ja auch Gewinn im Leben in der Betreuungskirche: Pfarrer haben Gewinn im Blick auf ihr Selbstwertgefühl, auch wenn sie noch so sehr über Überlastung stöhnen – sind sie doch unverzichtbar und Mittelpunkt der Gemeinde. Gemeindeglieder haben ihrerseits davon Gewinn, selbst wenn sie noch so sehr über den Alleinunterhalter klagen – können sie doch jederzeit bei großen Auseinandersetzungen sagen: Dann eben ohne mich!
Wer Gemeinde geistlich leiten will, wird helfen müssen, diese Wege und Ängste durchzustehen, die Veränderungsprozesse auslösen. Es geht darum, bei dem Pfarrer/der Pfarrerin zu sein, die Verluste an Image, Macht und Anerkennung vermuten. Zugleich gilt es, bei den Gemeindegliedern zu sein, die Überforderung und fehlende Kompetenzerfahrung befürchten. Nur wo der Weg durch diese Ängste gewagt wird, können die Gewinnchancen für alle dann auch wirklich eingelöst werden.

Welcher Geist leitet uns?

In manchen Gemeinden und Gremien ist ein Geist bestimmend, der Neuaufbrüche verweigert, fast um jeden Preis an Traditionen festhält und nicht zuletzt sich ständig an die gesellschaftlichen Trends anpasst. Das ist für mich eine sehr ernste Frage: Wird der Weg der Gemeinde vom Geist des Sorgens, vom Tanz um den Götzen Besitzstandswahrung und Bestandserhaltung bestimmt oder von den Bildern und Visionen, die uns der Geist Gottes eingibt?

Es öffnen sich ganz andere Wege und es sind ganz andere Entscheidungen möglich, wenn das Vertrauen leitet, dass Jesus Christus seine Gemeinde keinen Mangel leiden lässt. Es lassen sich Wege finden, auch mit weniger Geld an der Besserung der Gemeinde zu arbeiten. Man kann der Phantasielosigkeit und Vertrauenslosigkeit widerstehen, die die Grenzen Gottes mit den Etatgrenzen in eins fallen sieht und darum keine neuen Wege mehr zu den Menschen wagt. Wer erfahren hat, wie Ängste besiegt werden können, widersteht immer öfter dem Kleinglauben im eigenen Herzen und lässt sich über die Grenzen, die die «Realisten» für unüberwindbar halten, hinausführen, wenn Gott es denn so will. Menschen, denen Glauben und Gemeinde wichtig sind, werden durch geistliche Leitung auch ermutigt, ihren Glauben zusammen mit vielen anderen zu leben.

Ermutigung zur Offenheit

Es gibt landauf, landab die Erfahrung, dass sich Menschen in den Gemeinden in Kreise von Gleichgesinnten zurückziehen. Diese Beobachtungen decken sich mit gesellschaftlichen Trends: Man begegnet sich vorzugsweise nur noch mit Gleichgesinnten. Dieser Trend in der Gesellschaft ist vielfach beschrieben. Kernpunkt ist dabei die Tendenz, dass jede Gruppe sich selbst genügt. Daraus folgt dann leicht: Alle fühlen sich ein Stück heimatlos, weil keiner die Heimat Kirchengemeinde ganz nach seinem Bild gestalten kann.

Dies kann man als unumstößliche Tatsachen zur Kenntnis nehmen und sich darunter beugen. Man kann aber auch sagen: Wir trauen dem Geist Gottes zu, dass er die Barrieren der Milieus und Gruppen überwindet, so wie er im 1. Jahrhundert Kultur-, Sprach-, Religions- und Sozialbarrieren in der Urchristenheit aufgebrochen und überwunden hat.
In Gal. 3,28 stellt Paulus ein wesentliches Leitbild seiner Gemeindekonzeption vor: «Hier ist nicht Jude noch Grieche, hier ist nicht Sklave noch Freier, hier ist nicht Mann noch Frau; denn ihr seid allesamt einer in Christus Jesus.» Geistliche Gemeindeleitung wird sich nicht zuletzt darin ausweisen, dass sie dieses Bild von Gemeinde allen Gruppeninteressen gegenüber durchhält, nicht nur beschwört, sondern in Gottesdienst und Gemeindearbeit in Kraft setzt.
Wo die sozialen, kulturellen, rassischen, frömmigkeitsmäßigen Unterschiede unüberbrückbar sind, stellen sie die geistliche Leitung der Gemeinde in Frage. Wo an den Unterschieden gelitten wird und Leitende sich ihnen aussetzen wollen und an ihre Überwindung glauben, führt Leitung der Gemeinde zu neuen Erfahrungen, die geistlichen Zuwachs versprechen.

4. Geistliche Gemeindeleitung: Ein positives Klima schaffen

Noch bevor der erste Ton gesprochen ist, hat die Atmosphäre schon geredet. Jeder kennt das – in der Kirche und in vielen Gemeinden war es dennoch lange eine vergessene Wahrheit. Es ist kein Nebenschauplatz: Geistliche Gemeindeleitung macht die Klimafrage in einer Gemeinde zu einer Hauptfrage. Wie wir das Miteinander als Gemeinde gestalten, das erzählt etwas über unsere Ziele, über unsere Werte und über unsere Wertschätzung.

Ordnung statt Herrschaft

Gemeinde ist ein prinzipiell herrschaftsfreier Raum des Glaubens, in dem nur einer Herr ist – Christus. Das Bekenntnis zu Jesus Christus als dem Herrn muss für den Leitungsstil der Gemeinde Folgen haben: Wo nicht, wird der Glaube unwirklich und unwirksam.

Geistliche Gemeindeleitung verwandelt darum Herrschaftsstrukturen in Ordnungsstrukturen. Sie ist in der Tendenz auf Gleichberechtigung aus. Sie braucht sich nicht vor Durchsichtigkeit zu fürchten. Sie lässt Kontrolle ihrer Macht zu und verschleiert die eigene Stärke nicht. Sie leitet die Gemeinde als Kirchenvorstand aufgrund der Beauftragung durch die Gemeinde. Im Neuen Testament wird beschrieben, wie die Gemeinde aus ihrer Mitte heraus Leitung einsetzt und letzte Instanz für die Prüfung der Leitungsaufgaben bleibt. Autorität, die nur amtlich begründet ist, hat im Neuen Testament keinen guten Bundesgenossen. Dort wird die Autorität positiv dargestellt, die sich vor der Gemeinde und in der Gemeinde darin bewährt, dass sie den Menschen dient und den Glauben mehrt. Es geht um einen Umgang mit der Macht, der sich kritisch gegenüber allen Tendenzen zur eigenen Selbstbehauptung erweist und sich nicht mit formalen Argumentationen der Kritik entzieht.

Der Anspruch der Gemeindeleitung

Deshalb kann Gemeindeleitung gleichwohl anspruchsvoll sein – sie kann es nur nicht für sich selbst sein. Aber sie wird dafür Sorge tragen, dass die Unscheinbaren nicht übersehen werden, dass die Langsamen nicht abgehängt werden, dass die Stillen nicht ohne Stimme bleiben.

Sie wird sich um ein Gemeindeklima mühen, in dem akzeptiert wird, dass es zur Würde des Menschen gehört, ihm seinen Unglauben, Andersglauben, Nichtglauben zuzugestehen und ihn nicht christlich oder religiös zu vereinnahmen. Es gibt

religiöse Menschen, die möchten religiös sein dürfen, ohne christlich sein zu müssen!
Auch das gehört zu einem geistlichen Gemeindeklima – Krisen aushalten, Konflikte anschauen daraufhin, dass sie Klärungsprozesse werden können, die von Selbsttäuschungen befreien und neue Lebenswege öffnen können.
Es lohnt sich, dafür zu arbeiten, dass Christen mutig werden, in offenen Beziehungen zu leben – mit dem klaren Bekenntnis des eigenen Glaubens und mit dem deutlichen Respekt vor den Überzeugungen des anderen. Das ist kein Verrat, sondern ein Festhalten an der Hoffnung: So kann Glaube gemehrt und vertieft werden. So kann das Bekenntnis zu Jesus Christus Menschen erreichen. So wird die Verantwortung für Gottes geliebte Welt angenommen. Das Miteinander von Christinnen und Christen gewinnt eine einladende Gestalt.

Ohne Mühe geht es nicht

Geistliche Gemeindeleitung gibt es nicht zum Null-Tarif. Sie erfordert Arbeit und Mühe. Sie verändert Tagesordnungen und Prioritäten im Leben der Gemeinde. Sie fordert die Angst heraus und Vertrauen ein. Sie führt durch Krisen und macht darin doch stärker. Sie ist Handeln aus Glauben, weil die eigenen, kalkulierbaren Möglichkeiten durch das Hoffen auf das Wirken des Geistes erweitert werden und so die eigenen, manchmal schmerzhaft begrenzten Handlungsspielräume überschritten werden können. Aber gerade darin wartet die Erfahrung auf die Gemeinde und ihre Leitung, dass das Vertrauen auf Gott nicht ins Leere läuft.

Gemeinde auf dem Weg – Leitbildarbeit und Gemeindeentwicklung

Georg Pape

I. Was ist ein Leitbild?

In einem Leitbild drücken sich die Werte und Ziele aus, die Menschen in Organisationen miteinander verbinden und die den Sinn des gemeinsamen Handelns stiften. Das Leitbild ist ein Entwurf, der *«eine Basis im Gegenwärtigen (hat), zugleich jedoch einen Überschuss von noch nicht Realisiertem. Dieser baut eine handlungsleitende Spannung auf, die motiviert und zugleich orientiert.»* (Herbert Lindner. Kirche am Ort, Stuttgart 2000, S. 53)
Die Werte und Ziele einer Organisation wirken sich in allen ihren Entscheidungen aus – auch dann, wenn sie nicht ausdrücklich formuliert wurden. Jedoch sind die gründliche Diskussion und die möglichst griffige Formulierung eines Leitbildes für jede Organisation von großer Bedeutung. Im Prozess seiner Entstehung und Weiterentwicklung wird es zu dem Bezugsrahmen, in dem sich die Arbeit einer Organisation bewegt und an Profil und Qualität gewinnt.

II. Wie wirkt ein Leitbild?

1. Das Leitbild wirkt nach innen:
   - es verhilft den Mitarbeitenden dazu, sich über die wesentlichen Inhalte und Ziele ihrer gemeinsamen Arbeit zu verständigen;

- es liefert die Grundkriterien für Entscheidungen und Planungen, für Ausführung und Auswertung größerer und kleinerer Vorhaben;
- es fördert die Identifikation der Mitarbeitenden mit der gemeinsamen Sache.

2. Das Leitbild wirkt nach außen:
   - es schafft Erkennbarkeit der Absichten und Interessen einer Organisation;
   - es macht Entscheidungen transparent und nachvollziehbar;
   - es trägt zur Entwicklung des deutlichen Profils und damit sowohl zu notwendigen Abgrenzungen als auch zu sinnvollen Kooperationen bei;

III. Leitbildarbeit in Kirchengemeinden?

Je vielschichtiger, differenzierter und u.U. widersprüchlicher die vorfindliche, historisch gewordene Gestalt einer Organisation ist, um so schwieriger ist es, ein für alle ihre unterschiedlichen Gruppierungen verbindliches Leitbild zu entwickeln. Dies gilt in besonderer Weise für die Volkskirche und ihre Gemeinden. In ihnen sind unterschiedliche Leitbilder versammelt und wirksam. Deshalb ist das Leitbild einer Gemeinde nicht auf dem Wege demokratischer Abstimmungen oder gar durch einsame Entscheidungen des Leitungsgremiums zu gewinnen.

Das erste Ziel von Leitbildarbeit kann es daher nicht sein, *das eine* Leitbild dieser Gemeinde zu beschließen und durchzusetzen. Wichtiger ist es zunächst zu entdecken, welche Leitbilder von Kirche in welchen Gruppen und Personen wirksam sind. Sie transparent zu machen und zu kommunizieren, ist der notwendige und aufwendige erste Schritt! Die Aufgabe des Leitungsgremiums ist es, diesen Prozess anzustoßen, Kommunikation und konstruktive Auseinandersetzung zu ermöglichen, zu begleiten sowie Handlungsschritte daraus abzuleiten.

IV. Leitbild und Konzeption

Das Leitbild wird eine eher allgemeine Beschreibung der Ziele und Inhalte sein, die für alle Bereiche der Gemeindearbeit gleichermaßen gültig sind. Es bildet den Rahmen, der durch die verschiedenen Einzelpersonen und Gruppen im Blick auf ihre jeweiligen Aufgaben konkret zu füllen ist. Deshalb wird es sinnvoll sein, auch schon bei der Formulierung eines Leitbildes die unterschiedlichen Möglichkeiten der Konkretisierung in den einzelnen Arbeitsfeldern mit zu bedenken. Was kann der gleiche Inhalt (z.B. «das Bedürfnis von Menschen nach Versorgtwerden ernstnehmen», s. u. Biblische Leitbilder 2) für die Kinder der Kindertagesstätte, für Gottesdienst-Teilnehmende oder andere Menschen in der Gemeinde bedeuten, und wie sieht die praktische Umsetzung eines solchen Zieles dann aus? Diese letztgenannten Fragen beantwortet die Konzeption, deren Grundlage das Leitbild ist. Die Formulierung eines Leitbildes ist also lediglich der Anfang. Ihm folgen konzeptionelle Überlegungen und die an diesem Leitbild orientierte Planung der zukünftigen Gemeindearbeit.

V. Schritte zur Erarbeitung eines Leitbildes in Kirchengemeinden

A. Bestandsaufnahme

1. Jede Gemeinde hat ihre Geschichte, ihre «Biographie». In ihr sind theologische Traditionen und Frömmigkeitsformen lebendig. Es gehören Ereignisse dazu, die lange zurückliegen und doch immer noch nachwirken: Höhepunkte wie

der Bau einer neuen Kirche, die Errichtung eines Kindergartens o. ä. gehören dazu ebenso wie Krisen und Auseinandersetzungen. Wo verlaufen die roten Fäden im Leben dieser Gemeinde?
Dazu wird in der Gemeindechronik geforscht, werden Menschen befragt, die den Weg der Gemeinde lange Jahre mitgegangen sind oder verfolgt haben.

2. Das Erscheinungsbild der Gemeinde
   Die Bestandsaufnahme beinhaltet weiterhin die Frage nach dem gegenwärtigen Erscheinungsbild der Gemeinde. Hier geht es zunächst eher um das äußere Bild dieser Gemeinde: wie wirken ihre Gebäude, ihre Räumlichkeiten? Gibt es typische Umgangsformen und Sprachgewohnheiten? Wie und womit ist die Gemeinde in der Öffentlichkeit präsent?

3. Das Fremdbild
   Welches Image hat diese Gemeinde in ihrem Umfeld. Wie wird sie von außen wahrgenommen und beurteilt. «Außen» – das können Menschen in Vereinen und Verbänden sein, Mitarbeitende in der Kommunalverwaltung, bei der örtlichen Presse, in Schulen, in der katholischen Gemeinde oder anderen Religionsgemeinschaften.

4. Das Selbstbild
   Was ist das Besondere dieser Gemeinde aus der Innensicht? Wie erleben Menschen, die das Gemeindeleben tragen und mit gestalten, ihre Gemeinde? Was schätzen sie an ihr? Wie verstehen sie sich selbst; wie den besonderen Auftrag dieser Gemeinde? Wie leben und arbeiten sie in der Gemeinde zusammen? Wie verhält es sich mit Erfolg und Misserfolg und wie mit Anerkennung?

5. Fakten zum gegenwärtigen Gemeindeleben
   Was geschieht derzeit alles in dieser Gemeinde? Welche und wie viele Menschen sind daran beteiligt? Aus welchem sozialen Milieu kommen diese Menschen? Welchen Alters- oder Bevölkerungsgruppen gehören sie an? Wie sieht ihre Lebenssituation aus, und wie greifen wir ihre Bedürfnisse und Erwartungen auf? Wie leben und arbeiten die Menschen unserer Gemeinde? Gibt es Gruppierungen, die wir besonders stark ansprechen – und andere, die wir kaum erreichen?

6. Unsere derzeitigen Stärken und Schwächen
   Jede Gemeinde hat ihre Stärken: einen großen Kreis von Ehrenamtlichen, einen schönen Kirchenraum, eine lebendige Jugendarbeit.
   Die Stärken sollten sorgfältig und ohne falsche Bescheidenheit aufgelistet werden. Sie sind die Grundlage der Weiterentwicklung! Freilich muss verglichen werden, ob sich an dieser Stelle unser Selbstbild mit dem Fremdbild deckt oder ob beide miteinander kollidieren.
   Dasselbe gilt für die Schwächen. Auch die gibt es in jeder Gemeinde, und sie sollten sachlich und aufrichtig, möglichst ohne Lamento oder gar Schuldzuweisungen festgestellt werden. Tatsächliche und vermutete Hintergründe werden benannt, aber eine endlose Ursachenforschung kann sich selbstzerstörerisch auswirken.
   Die Ergebnisse der Bestandsaufnahme ermöglichen eine Beschreibung des Wesens und Charakters *dieser* Gemeinde. Diese Beschreibung wird zur Grundlage für Zukunftsperspektiven und Visionen.

B. Was die Zukunft bringen wird

Nach dem sorgfältigen Blick in die Vergangenheit und die Gegenwart dieser Gemeinde steht die Frage nach der Zukunft an. Hier werden sowohl gesamtgesellschaftliche Ent-

wicklungen als auch die spezifische Entwicklung *dieses* Ortes oder Stadtteils zu betrachten sein. Dabei können auch in der Gemeinde ansässige Fachleute Hilfestellung leisten.
Zur gesamtgesellschaftlichen Entwicklung können folgende Bereiche gehören:

- Wie verändern sich Beruf und Arbeit (Arbeitsmarkt)
- Welche wirtschaftliche Entwicklung ist zu erwarten?
- Welche Auswirkungen haben technologische Errungenschaften (z. B. Medien)?
- Wie wandeln sich Werte und die entsprechenden kulturellen und religiösen Bedürfnisse?
- Was bedeutet die Veränderung von Familienstrukturen, z.B. die steigende Anzahl geschiedener Ehen, alleinerziehender Elternteile oder «Patchwork-Familien»; neue Wohn- und Lebensformen?
- Demographische Entwicklung, z.B.: welche Konsequenzen haben die Veränderungen in der Alterspyramide?
- Welche Bildungsanforderungen begegnen uns zukünftig?

Zu den besonderen Lebensbedingungen im Einzugsbereich der Gemeinde gehören u.a. folgende Aspekte, die sowohl hinsichtlich ihrer derzeitigen Bedeutung wie auch hinsichtlich ihrer zukünftigen Entwicklung wichtige Hinweise für die Entwicklung des Leitbildes einer Gemeinde geben:

- Wie und wo leben und wohnen die Menschen? (alte Dorf- und Stadtteile; Eigentums-, Mietwohnungen usw.);
- welche Pläne gibt es in der Kommune für die Entwicklung des Ortes (Neubau- und Gewerbegebiete, Verkehrsanbindung u.ä.)?
- Wie wird sich die Altersstruktur der Bevölkerung entwickeln?
- Wie stellt sich das Verhältnis zwischen Alt-Eingesessenen, Neu-Zugezogenen, früheren Flüchtlingen, Aussiedlern o.ä. Gruppen jetzt und zukünftig dar?
- Mit welchen Familienstrukturen haben wir es zu tun (Situ-

ation von Alleinerziehenden, Müttern, Vätern, Kindern und Jugendlichen)
- Wo und was arbeiten die Menschen (Arbeitsplätze am Ort, Pendler usw.)?
- Welche Schulen gibt es am Ort – (welche Kinder und Jugendlichen besuchen diese Schulen / welche nicht?)
- Einrichtungen für Kinder und Jugendliche (Kindergärten, Jugendhaus o.ä.)?
- Einrichtungen für alte und behinderte, kranke Menschen (Altersheim, betreutes Wohnen, Diakonie o.ä.)?
- Politische Strukturen (Parteien, Interessenverbände, Initiativen usw.)
- Kultur und Kulturen im Gemeindegebiet (Verbände, Vereine; Fremde, Ausländer, Angehörige anderer Religionen; kulturelle Angebote im Gemeindegebiet).

Alle genannten Aspekte gehören zu dem Rahmen, in dem sich Leben und Arbeiten einer Kirchengemeinde abspielen. Um hier zu brauchbaren Daten zu kommen, sollten Erhebungen auch anderer Institutionen (z.B. der Kommunalverwaltung) genutzt werden.
Für die Formulierung eines Leitbildes und dessen Umsetzung in konkrete Handlungsschritte werden dann sicher nicht alle diese Aspekte eine Rolle spielen können. Im übrigen sollte eine Gemeinde nicht nur beschreiben, *was, wie und warum* sie etwas tut; es ist in gleicher Weise wichtig, zu benennen, was sie *nicht* tut und *warum* nicht! Die Entwicklung eines Leitbildes fördert die Klärung von Prioritäten und Abgrenzungen. Obwohl von Visionen gespeist, bleibt Leitbildarbeit an der Realität orientiert – auch an der Realität unserer eigenen Grenzen!

C. Biblische Leitbilder der Kirche

Die Entwicklung eines Leitbildes in Kirchengemeinden geschieht in der Spannung zwischen Tradition und Situation, also zwischen der Botschaft, die wir zu verkünden haben, und der Zeit, in die hinein wir diese Botschaft verkünden sollen und wollen. Zur Situation gehören die o. g. Fragestellungen bezüglich der gegenwärtigen gesellschaftlichen Realität der Kirche und ihrer Gemeinden sowie des Lebens von Menschen in dieser Zeit. Auf die Seite der Tradition gehört die Geschichte einer einzelnen Gemeinde ebenso wie die Geschichte ihrer Landeskirche, die sich zu weiten Teilen etwa in der Kirchenordnung niederschlägt, sowie die Geschichte der christlichen Kirchen insgesamt.

Vor allem aber ist dann die biblische Überlieferung Substanz und Maßstab unseres Redens und Handelns als Kirche Jesu Christi.

Allerdings überliefert auch die Bibel nicht nur ein einziges Leitbild für das Leben in Kirche und Gemeinden. Unterschiedliche Erfahrungen von Menschen zu unterschiedlichen Zeiten, an verschiedenen Orten und in verschiedener politischer, kultureller und sozialer Situation haben zur Ausprägung verschiedener Akzente biblischen Glaubens geführt. Die Vielzahl solcher Akzente ist als Reichtum zu verstehen, nicht als Ausdruck der Beliebigkeit.

Um Beliebigkeit zu verhindern, ist es notwendig, den «roten Faden» zu entdecken, der die unterschiedlichen, mitunter sogar widersprüchlich erscheinenden Aspekte miteinander verbindet. Theologisch ist diese Einheit in der Vielfalt in der gemeinsamen Orientierung an der Mitte der Schrift gegeben: in dem Glauben daran, dass Gott die Welt erschaffen und in Jesus Christus versöhnt hat.

Der Theologische Ausschuss der 8. Kirchensynode der EKHN hat in acht Leitbildern den Kern biblischer Tradition zusammengefasst und damit eine gute Grundlage geschaffen, auf der einzelne Gemeinden wie auch andere Einrichtungen der Kirche ihr jeweils spezifisches Leitbild entwickeln können. Diese acht biblischen Leitbilder sollen im folgenden noch einmal vorgestellt werden.

Zunächst drei Vorbemerkungen:

a. *In der Einleitung zu den biblischen Leitbildern stellt der Theologische Ausschuss folgendes fest: «Die Auswahl der Bilder orientiert sich an dem Ziel, mit jeweils* ***einem*** *Bild* ***ein*** *wesentliches Kennzeichen von Kirche und Gemeinde zu beschreiben. Jedes Leitbild betont* ***ein*** *bestimmtes Merkmal, das durch andere ergänzt wird. Es gibt kein Bild, in dem alle Kennzeichen von Kirche vollständig und zugleich vorhanden wären. Deshalb kann es auch kein einheitliches Leitbild für die Kirche geben, das allein theologisch wahr wäre ...»*

b. *Es handelt sich um Leit-* ***Bilder****. Es liegt also nahe, zu den biblischen Motiven Bilder zu zeichnen. Für diesen Beitrag wurde ein «kirchenferner» junger Mann, Schüler einer Abiturklasse, gebeten, solche Bilder zu zeichnen. Er hat es mit großer Begeisterung getan – in einer ihm geläufigen Form: der Karikatur. Andere Menschen würden andere Bilder zeichnen. Aber dieser künstlerische Versuch eines Jugendlichen, der weder mit der biblischen Tradition vertraut noch in einer kirchlichen Tradition aufgewachsen ist, könnte dazu anregen, verschiedene Gemeindegruppen zu ähnlichen Versuchen aufzufordern und auf diesem Weg den Prozess der Leitbildentwicklung in Gang zu bringen. Die Karikaturen werden an dieser Stelle nicht kommentiert. Sie sprechen in vieler Hinsicht für sich.*

c. *Die biblischen Leitbilder der Kirche waren auch Thema eines Jahrestages Besuchsdienst im Herbst 2002. Aus der Gruppenarbeit dieses Tages resultieren die Stichwortsammlungen, die im folgenden den einzelnen Leitbildern beigefügt werden. In Gemeinden, die selber mit der Leitbildarbeit beginnen wollen, empfiehlt es sich, mit eigenen Assoziationen und Stichwort-Sammlungen zu den biblischen Themenkreisen einzusteigen.*

Leitbild 1: DAS WANDERNDE GOTTESVOLK –
Befreiung und Unterwegssein
(2.Mose 13,17-22; Hebräer 13 u.a.)

Stichworte:

- Abraham – Zurücklassen von Altem; Suche nach Neuem
- Auszug aus Ägypten; Freiheit als Lust und als Last;
- Glauben – Wege gehen, sich neuen Herausforderungen stellen;
- Fremd sein, mit Fremden/Fremdem leben
- Ist der Weg das Ziel?
- «Die Füchse haben Gruben, ...» – Jesus, ein Wanderprediger.

Leitbild 2: DIE STADT GOTTES –
Geborgenheit und Zuflucht
(Psalm 46,5.6; Jesaja 60,11; Markus 10,14; Offenbarung 21,2ff)

Stichworte:

- Widerspruch zu Leitbild 1?
- Der Wert von Heimat
- Erfahrung des Bleibenden im Vergänglichen;
- Das Bedürfnis von Menschen nach Versorgtwerden ernstnehmen;
- Kirchenraum als Heimat, «feste Burg», Lebensraum.

Leitbild 3: DAS FEST GOTTES –
Festfreude und Gottesdienst
(2.Mose 20,10ff; Lukas 14,16-23; 2.Korinther 4,17.18)

Stichworte:

- Leben in Fülle; aus der Fülle leben;
- Farben, Gerüche, Klänge – mit allen Sinnen leben;
- Anlässe zum Feiern aufnehmen und ernstnehmen;
- Zyklen sind wichtig;
- Feste unterbrechen den Alltag, geben Rhythmus;
- Gottesdienst als Fest des Lebens.

Leitbild 4: LEIB CHRISTI – Einheit und Gleichwertigkeit (1.Korinther 12,12-31)

Stichworte:

- Ein Leib – viele Glieder;
- Nicht die Pfarrer sind das Haupt der Gemeinde;
- Keine Hierarchie;
- Begabungen in der Gemeinde entdecken, fördern;
- Das Ganze ist mehr als die Summe seiner Teile;
- Unterschiedlichkeit ist Reichtum;
- Gleichwertigkeit trotz Unterschiedlichkeit;
- Die Teile übernehmen füreinander Verantwortung.

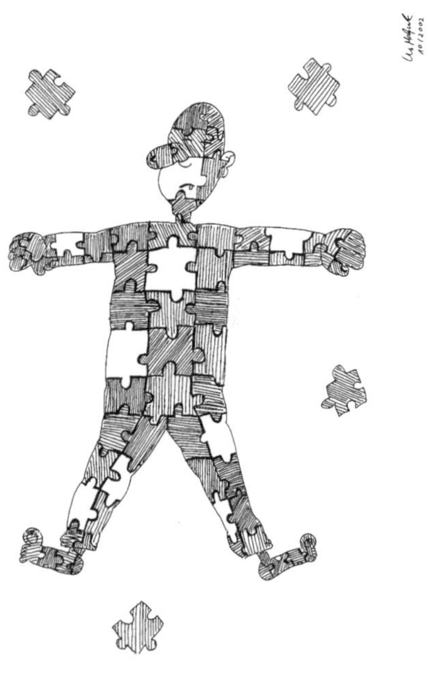

Leitbild 5: GESANDTE GOTTES – Diakonisches Handeln (Jesaja 61; Lukas 4,18; 10,25-37)

Stichworte:

- gesandt werden heißt: Ortswechsel!
- Teilnahme an der missio dei
- unsere Mission: Gottes Liebe spürbar werden lassen
- «er hat mich gesandt, zu predigen den Gefangenen ...»
- Gesandte haben einen Auftrag
- Gesandte sind Bevollmächtigte
- Mission nicht von oben herab, sondern auf gleicher «Augenhöhe».

Leitbild 6: LICHT DER WELT – SALZ DER ERDE – Prophetischer Auftrag und Ökumene (Jesaja 42,6f; Mt 5,13f.)

Stichworte:

- Salz löst sich in der Suppe auf: es geht nicht um unsere Selbsterhaltung;
- dieses Licht hier ist keine Funzel;
- Licht gibt Orientierung;
- Propheten/Prophetinnen beziehen Position, machen sich angreifbar;
- «Ihr seid ....» – das ist ein Indikativ!

Leitbild 7: SENFKORN – Hoffnung und Unverfügbarkeit (Matthäus 13,31)

Stichworte:

- Pflanzen und Wachsen, Saat und Ernte
- «...doch Wachstum und Gedeihen liegt in des Himmels Hand.»
- Mut zu kleinen, unspektakulären Schritten
- Vom Wert der Arbeit im Kleinen und mit den Kleinen
- Glaube macht gelassen
- es gibt nicht nur die sichtbare, es gibt auch die unsichtbare, «latente» Kirche.

Leitbild 8: KREUZ CHRISTI – Schuld und Versöhnung (Johannes 2,2; 3,16; Römer 3,22ff)

Stichworte:

- Eigene Schwächen und Grenzen nicht leugnen
- Leiden anderer aushalten, mitleiden
- Erfahrungen von Macht und Ohnmacht
- mit Leidenden weinen, anstatt sie vertrösten
- wir sind Mitverursacher von Leiden, Hass, Gewalt und Hunger in der Welt;
- zur Versöhnung beitragen
- den Widerspruch zum Leiden zulassen
- auch die Kirche hat sich schuldig gemacht.

Vorschlag für ein Kirchenvorstands-Wochenende

Geor Pape

Ein Leitbild ist nicht nur *Voraussetzung* einer sich entwickelnden Gemeinde; vielmehr kann der Prozess der Leitbildentwicklung zum prägenden Bestandteil der bereits laufenden Gemeindearbeit werden. Das gilt vor allem deshalb, weil dieser Prozess Zeit braucht. Denn Leitbildarbeit in Kirchengemeinden ist «Arbeit von unten»: möglichst viele Gruppen einer Gemeinde sind daran beteiligt; die unterschiedlichen vorhandenen Leitbilder einschließlich der ihnen zugrunde liegenden Erfahrungen und Erwartungen werden wahr- und ernst genommen, sie werden kommuniziert und sorgfältig diskutiert. Auf diese Weise wird gewährleistet, dass dieser Prozess nicht nur neben oder isoliert von den laufenden Aktivitäten stattfindet, sondern diese durchdringt und so die «normale» Gemeindearbeit prägt. Der Weg ist bereits ein großer Teil des Ziels.
Eine Gemeinde, die einen Leitbildprozess beginnen will, sollte sich dennoch einen Zeitrahmen setzen, der ihren eigenen Möglichkeiten entspricht. Ein zu lang angelegter Prozess kann eine Gemeinde überfordern, der «kurze Prozess» kann wirkungslos bleiben. Aus den in diesem Beitrag dargestellten Bausteinen sollten also diejenigen Arbeitsschritte ausgewählt werden, die unter den gegebenen Bedingungen realistischerweise zu bewältigen sind.
So ist es denkbar, dass ein Kirchenvorstand zunächst einmal mit einem Wochenende beginnt, das wie folgt ablaufen könnte (je nach der zur Verfügung stehenden Zeit muss das hier vorgeschlagene Programm gekürzt oder gestrafft werden):

Freitagabend:

- Ankommen
- Austausch in Zweier- oder Dreiergruppen:

  Mit welchen Erfahrungen der vergangenen Woche komme ich hierher? Welche Ereignisse im näheren (z.B. beruflichen) oder ferneren (z.B. politischen) Umfeld beschäftigen mich derzeit? Welches Buch habe ich gerade gelesen, welchen Film gesehen? oder ähnliche Fragen.

- Plenum:

  Gegenseitige Vorstellung

- Plenum:

  Rundgespräch: Worauf es mir in meiner Tätigkeit als KirchenvorsteherIn besonders ankommt.

- Informelles Beisammensein

Samstagvormittag

- Andacht
- Einzelarbeit:

  Mein Leitbild von Kirche. (Malen von gegenständlichen oder nicht-gegenständlichen Bildern z.B. mit Wachsmalkreiden; jede/r gibt ihrem/seinem Bild einen Titel)

- Plenum:

  Vorstellen der Ergebnisse. Festhalten der wichtigsten Stichworte zu jedem Bild auf Wandzeitung oder Moderationskarten. Sortieren nach übergeordneten Gesichtspunkten.

- Plenum:

  Bestandsaufnahme: Wie wird unsere Gemeinde wahrgenommen?

  Alle KirchenvorsteherInnen haben vorher ein kleines Stück «Marktforschung» betrieben und telefonisch oder im persönlichen Gespräch drei bis fünf Menschen aus der Gemeinde und / oder ihrem Umfeld z.B. folgende Fragen gestellt: ***Was erscheint Ihnen an unserer Gemeindearbeit besonders sinnvoll, wertvoll und wichtig? Wie nehmen Sie diese Gemeinde wahr?***

  Je nach Situation der Gemeinde können hier auch andere, konkretere Fragen gestellt werden. Zu achten ist darauf, dass unter den Befragten gleich viele Frauen und Männer, die unterschiedlichen Altersgruppen, sozialen Milieus sowie der «Kerngemeinde» nähere und fernere Menschen vertreten sind.

- Plenum:

  Die Ergebnisse werden einzeln auf Moderationskarten festgehalten und der vorangegangenen Stichwort-Sammlung eigener Leitbilder zugeordnet.

- Plenum:

  Auswertung dieses Arbeitsschrittes: Wo gibt es Berührungspunkte, wo Abweichungen zwischen unseren Leitbildern und der Wahrnehmung der Befragten?
  Offene und weiterführende Fragen in einem Themenspeicher sammeln.

Mittagspause

Samstagnachmittag

- Plenum:

  Vorstellen der acht biblischen Leitbilder anhand vorbereiteter Plakate mit entsprechenden Textauszügen.

- Kleingruppen:

- *Sammeln von Stichworten und Assoziationen zu den einzelnen biblischen Leitbildern*

- Plenum:

  Austauschen der Ergebnisse. Wechselseitige Ergänzungen und Zuordnung zu den Stichwortsammlungen des Vormittags. Festhalten von Gemeinsamkeiten und Unterschieden.

- Plenum:

  Rundgespräch: Welche der biblischen Leitbilder sind in unserer Gemeinde mehr, welche weniger lebendig? Warum?

- Plenum:

  Beginn der Vorbereitung des Gottesdienstes am Sonntagmorgen:
  - *Welche/s der biblischen Leitbilder soll/en Thema des Gottesdienstes sein?*
  - *Festlegen des Gottesdienstablaufs*
  - *Bildung von Kleingruppen, z.B. für die Gestaltung des Raumes, Auswahl von Liedern und Musik, Auswahl von liturgischen und anderen Texten, Vorbereitung einer Predigt und ihrer Gestaltungselemente (z. B. Rollenspiele, Dialoge, Standbilder, Sprechmotetten o. ä.), Vorbereitung einer Agape-Feier.*

Abendessen

Samstagabend

- Kleingruppen:

  Gottesdienstvorbereitung

- Informelles Beisammensein

Sonntagvormittag

- Gottesdienst
- Plenum:
  - *An welchen biblischen Leitbildern / welchem biblischen Leitbild orientieren wir uns in der gegenwärtigen Gemeindearbeit am meisten?*
  - *Um welche/n Aspekt/e wollen wir diese/s Leitbild/er erweitern und/oder verändern?*
- Zweiergruppen:

  Formulierungsvorschläge für das Leitbild dieser Gemeinde (in wenigen Sätzen)

- Plenum:
  - *Austausch der Formulierungsvorschläge (ohne Diskussion)*
  - *Verabredung zu den nächsten Arbeitsschritten*
  - *Abschluss*

Die Abfolge der Arbeitsschritte wird ähnlich verlaufen, wenn sich die Gemeinde einen längeren Zeitraum für ihren Leitbildprozess vornimmt – nur dass sich die Arbeit dann entsprechend intensiver und gründlicher gestaltet. Im Blick auf viele Gemeinden erscheint dafür ein Zeitraum von zwei Jahren als realistisch. Besonders am Anfang einer Legislaturperiode könnte ein Kirchenvorstand auch einen leitbildorientierten Prozess der Gemeindeentwicklung einleiten, der alle sechs vor ihm liegenden Jahre umfasst.

Dies könnte wie folgt aussehen:

Erstes Jahr:

Bestandsaufnahme (s. IV. A) unter Beteiligung möglichst vieler Gemeindegruppen

Zweites Jahr:

Zukunftsperspektiven und Visionen

1. Erarbeitung der acht biblischen Leitbilder im KV
2. Erarbeitung der acht biblischen Leitbilder im Kreis der Hauptamtlichen
3. Gottesdienstreihe zu den einzelnen biblischen Leitbildern
4. Bibel-Seminar-Reihe zu den acht biblischen Leitbildern
5. Diskussion der Leitbilder in möglichst vielen Gemeindegruppen;

   Leitende Fragestellung: wo und wie berühren sich unsere Bestandsaufnahme und die Ergebnisse der Arbeit mit den biblischen Leitbildern?
6. ....

Einzelne dieser Schritte können parallel gegangen oder miteinander verknüpft werden.

Drittes Jahr:

Rückkopplung der Ergebnisse und Erörterung des bisherigen Prozesses im KV; dabei wichtige Fragestellungen:

- Stellenwert *dieser* Gemeinde in *diesem Ort* (historische, soziale, kulturelle personelle, finanzielle Bedingungen);
- Stärken und Schwächen *dieser* Gemeinde

- unsere Ziele für die nächsten Jahre
- Bedeutung der einzelnen Leitbilder für die verschiedenen Arbeitsfelder der Gemeinde

Schritte:

1. Gemeindeversammlung

   Gemeindegruppen bringen ihre Überlegungen zum Leitbild der Gemeinde ein;
2. Erste Priosieriung im KV:
   a. welche beiden biblischen Leitbilder sind in der Tradition unserer Gemeinde von besonderer Bedeutung?
   b. welche biblischen Leitbilder halten wir für die gegenwärtige Situation in der Gesellschaft und in unserer Gemeinde für besonders wichtig?
   c. durch welches andere biblische Leitbild wollen wir das/die vorhandene/n ergänzen und erweitern?
3. Diskussion der priorisierten Leitbilder in den verschiedenen Gemeindegruppen. Erörterung der konkreten Bedeutung *dieser* Leitbilder für *diese* Gruppe.
4. Formulierung des Gemeindeleitbildes auf der Grundlage der bisherigen Ergebnisse. Verabschiedung im KV und Veröffentlichung.
5. Leitbildorientierte Planung von Projekten für die kommenden drei Jahr – durch KV und den Kreis der haupt- und ehrenamtlich Mitarbeitenden.
   a. Auf welche Arbeitsfelder der Gemeinde wollen wir uns in besonderer Weise konzentrieren?
   b. Wie soll sich unser Leitbild in diesem Arbeitsfeld auswirken (Ziele)?

c. Welche Fachkompetenz brauchen wir, um dieses Arbeitsfeld im Sinne unseres Leitbildes weiterzuentwickeln?

Hier können Fachleute u. a. aus den Zentren der Landeskirche in die Beratung einbezogen werden, z. B. für

- Gottesdienst und Liturgie
- Spiritualität
- Kirchenmusik
- Kinder- und Jugendarbeit
- Erwachsenenbildung
- Kinder- und Jugendarbeit
- Kunst und Kirche
- Diakonie
- Ökumene
- usw.

Viertes und fünftes Jahr:

Regelmäßige Rückkopplung und Austausch von Erfahrungen in öffentlichen KV-Sitzungen und in der jährlichen Gemeindeversammlung;

Sechstes Jahr:

Auswertung, Korrekturen, Beschreibung von Perspektiven der Weiterarbeit im nächsten KV.
Die vorgeschlagenen Schritte müssen nicht in der hier vorgeschlagenen Reihenfolge ablaufen. Es werden sich im Prozess notwendige neue Schritte und Zwischenschritte sowie auch Aspekte ergeben, die eine Veränderung früherer Zielvorstellungen notwendig machen. Entscheidend ist, dass sich der

Kirchenvorstand gezielt auf den Weg der Leitbildentwicklung begibt und sein Ziel konsequent, aber mit großer Beweglichkeit verfolgt. Dabei ist der Kommunikations-Prozess über das/die Leitbild/er der Gemeinde nach innen wie nach außen «die halbe Miete». Entscheidend ist nicht in erster Linie die zeitliche Dauer eines solchen Prozesses. Entscheidend ist, dass die Gemeinde auf dem Weg bleibt – auch nach Erreichen kleinerer oder größerer Ziele –, immer in Erwartung auch des Nicht-Planbaren, des Neuen und Überraschenden: immer in der Erwartung Gottes.

Starten mit der Zielfrage – Ein Wochenende zum Anfang

Paul-Ulrich Lenz

1. Sinn und Zweck

Kirchenvorstands-Wochenenden sind eine Chance für das Miteinander im Kirchenvorstand – am Anfang, während der ganzen Amtsperiode und zum Schluss. Sie fördern die Gemeinschaft, weil man sich mit mehr Zeit als bei normalen Sitzungen begegnen kann und auch einmal erfährt, was den anderen/ die andere außerhalb der eigentlichen Arbeit bewegt. Sie bieten Freiraum zur Reflexion der Arbeit, die sonst häufig mit einer gewissen Atemlosigkeit getan wird. Sie geben Zeit zur sachlichen Auseinandersetzung, zur Klärung der Prioritäten und zur Überprüfung der Ziele.
Am Ende einer Wahlperiode helfen sie, die geleistete Arbeit zu bilanzieren. Schließlich sind sie auch die Gelegenheit, wo Kirchenvorsteher und Kirchenvorsteherinnen geistliche Gemeinschaft einüben können – mit Formen der Andacht, der Bibelarbeit, des gemeinsam geplanten und gefeierten Gottesdienstes. Darum ist es schön, wenn solche Wochenenden während der Amtsperiode eines Kirchenvorstands regelmäßig stattfinden und so zu einem selbstverständlichen Bestandteil des Weges eines Kirchenvorstandes werden.
Im folgenden Text werden Bausteine für ein «Start-Wochenende» dargestellt. Manche dieser Bausteine lassen sich auch für die Bilanz am Ende einer KV-Periode verwenden.
«In welche Richtung soll sich unsere Gemeinde entwickeln?» Diese Frage steht bei vielen neu gewählten Kirchenvorständen ganz oben. Sie sind deshalb in den Kirchenvorstand ge-

gangen, weil sie Gemeinde nicht abwickeln wollen, sondern daran arbeiten möchten, dass Gemeinde sich weiterentwickelt. Umso wichtiger ist, dass dieses Thema dann auch seinen Platz findet. Weil es aber nur selten in dieser Form auf der Tagesordnung von Kirchenvorstandssitzungen steht, bietet sich das Thema für ein Startwochenende geradezu an.
Die Leitrichtung für dieses Wochenende heißt: Wir nehmen die unterschiedlichen Vorstellungen und Erwartungen der einzelnen Mitglieder wahr und bringen sie miteinander ins Gespräch. Bei den Mitgliedern des Kirchenvorstandes gibt es im Normalfall eine große Bandbreite an Vorstellungen von möglichen Zielen, Aufgaben und Wegen der Gemeinde. Sie bilden unbewusst den Hintergrund für viele Entscheidungen. Nur manchmal, z.B. wenn eine Pfarr- oder Mitarbeiterstelle in der Gemeinde neu zu besetzen ist, treten sie deutlicher ans Licht. Diese Vor-Einstellungen der Einzelnen werden mit der konkreten Situation vor Ort und mit biblischen Bildern vom Wesen der Gemeinde verknüpft. Daraus können sich Kriterien für die Arbeit der nächsten Jahre und gemeinsame Prioritäten formulieren lassen. Das ist ein geistlicher Prozess. Dabei darf es keine Sieger und Verlierer geben. Unterschiedliche Impulse sollen sich ergänzen und nicht zu Trennungen führen. Dieser Vorgang braucht Zeit und ein gewisses Maß an gegenseitigem Vertrauen.
Wichtig für ein KV-Wochenende, das in guter Erinnerung bleibt, ist, dass rechtzeitig am Samstagabend die Arbeit aus der Hand gelegt wird. Auf keinen Fall sollte länger als bis 21.00 gearbeitet werden. Besser noch ist es, wenn nach dem Abendessen die letzte Arbeitseinheit von vornherein auf eine Stunde begrenzt wird. Es muss Zeit sein für Gespräche ohne Tagesordnung, für Geschichten und Lieder, für Anekdoten und die Begegnung «von Mensch zu Mensch».
Folgende inhaltliche Elemente können Teil solcher Wochenenden sein:

- *Analyse* – weniger soziologisch-wissenschaftlich als erfahrungsbezogen: Was gibt es in unserer Gemeinde? Wie nehmen wir die einzelnen Aktivitäten wahr?

- *Biblische Orientierung:* Welche Leitbilder für die Gemeinde finden wir in der Bibel? Welche entsprechen unseren Vorstellungen, welche sind in besonderer Weise für unsere Gemeinde angemessen?
- *Verabredungen von Arbeitsvorhaben:* Welche mittelfristigen Ziele setzen wir uns? Wer ist wofür zuständig? Wie und wann wollen wir Ergebnisse überprüfen?
- *Vergewisserung in einem gemeinsam gestalteten Gottesdienst:* Vor Gott aussprechen, wofür im Blick auf die Gemeinde zu danken ist und wo Gegebenheiten traurig und hilflos machen. Seine Verheißungen für die Gemeinde hören. Unterschiedlichkeit aushalten und als Chance entdecken. Von Gott gestiftete Gemeinschaft der Verschiedenen erfahren.

2. Bausteine – Anregungen

Für den Freitagabend bietet sich der Einsteig bei den eigenen Ideen über Aufgaben und Ziele der Kirchenvorstandsarbeit an:

Das eigene «Traumbild» von Gemeinde wahrnehmen
Jedes Mitglied des Kirchenvorstandes hat sein Ideal-Bild, seine Vision von Gemeinde. Meistens wird dieses Bild nicht ausdrücklich bedacht, aber es bestimmt – auch unbewusst – die eigenen Entscheidungen. Es hilft gerade auch für den Anfang der Arbeit im KV, sich diese eigenen Bilder von Gemeinde und die damit verbundenen, oft unausgesprochenen Erwartungen anzuschauen.
Für das Gelingen eines Gespräches über die Bilder der einzelnen Mitglieder des KV ist eine Haltung gegenseitiger Wertschätzung, die auf «Richtig/Falsch»-Urteile verzichten kann,

unerlässlich. Diese Haltung sollte vom Moderator des Abends vorher ausdrücklich benannt werden.

Arbeitseinheit 1

Jede/r bekommt ein Blatt mit Piktogrammen und eine Reihe von zusätzlichen leeren Kärtchen, dazu ein Plakat, Kleber und Schere. Jedes Piktogramm zeigt ein Verhalten, einen Wert, der in der Gemeinde eine große oder kleine Rolle spielen kann.

Die *Aufgabenstellung* heißt: Überlegen Sie, was Sie für die Gemeinde, in der Sie leben, für die entscheidenden Punkte halten. Es geht nicht um das «Ist», sondern um ihre Wünsche und Erwartungen, Ihren «Traum». Ordnen Sie die Kärtchen so, wie Sie das für wichtig halten. Sie können sie als Reihenfolge ordnen. Sie können sie auch zu einem Symbol zusammenfügen, z. B. einem Gemeinde-Haus. Sie müssen nicht alle Kärtchen verwenden, sondern Sie können sich auf die beschränken, die Ihnen wesentlich erscheinen. Wenn Ihnen ein wichtiger Punkt fehlt, können Sie ihn durch eines der Leer-Kärtchen ergänzen.

Für die Arbeit des Ausschneidens, Sortierens und Aufklebens muss man 25 – 30 Minuten ansetzen.

Danach wird dazu eingeladen, die Ergebnisse der eigenen Arbeit vorzustellen und die Ergebnisse der anderen wahrzunehmen. Für diesen Durchgang sind ca. 30 Minuten erforderlich.

Als dritter Schritt bietet sich eine Zustimmungs- und Verstärkungsrunde an: Bei Ihnen hat mir gefallen ...

Erst danach wird das Gespräch über die unterschiedlichen Sichtweisen begonnen. Wo finden wir Übereinstimmungen? Worin unterscheiden sich die Bilder, die wir gestaltet haben? Wie sind Unterschiede zu bewerten? Sind es fruchtbare Spannungen oder scheinen es unüberbrückbare Gegensätze zu sein?

zum Glauben
helfen

Gemeinschaft
erfahren

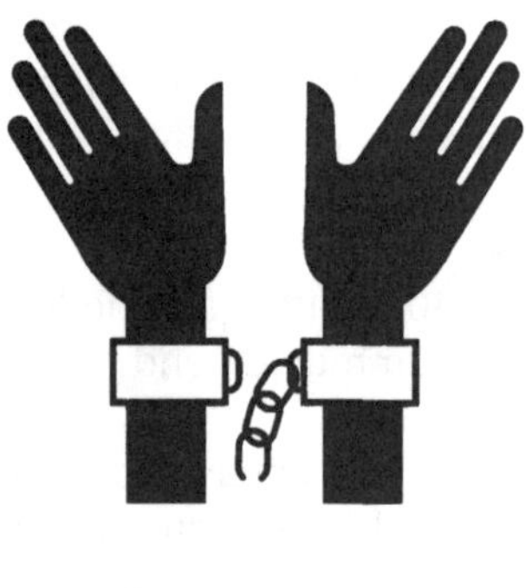

für Gerechtigkeit
kämpfen

mit Christus
leben

aus der Stille
leben

einander gelten
lassen

Fürsorge
üben/erfahren

Zeitgenosse sein

Gemeinde leben

Grenzen
überschreiten

sich engagieren

gesellig sein

beten lernen

Kontakte suchen

trösten und
getröstet werden

versöhnlich
leben

Der Samstagvormittag hat eine doppelte Aufgaben-Richtung: Zum einen nimmt er die Gemeindesituation in den Blick, zum anderen schaut er auf biblische Bilder von Gemeinde:

Arbeitseinheit 2

Analyse
In Kleingruppen erstellen die Teilnehmer/innen ein Gemeindeprofil für ihre Kirchengemeinde: Auf verschiedenfarbigen Zetteln werden alle Gruppen, Veranstaltungen und Gremien der Gemeinde aufgeführt. Die Farben stehen für Wertungen: grün für «wächst, macht Spaß», blau für «gleichbleibend, es läuft», rot für «stagniert, nimmt ab».
Die Ergebnisse der Gruppen werden miteinander verglichen. Meistens gibt es Unterschiede in der Bewertung der einzelnen Aktivitäten. Darüber sollte gesprochen werden.
In weiteren Schritten lässt sich die Wahrnehmung des Ist-Zustands der Gemeinde vertiefen, z.B. wenn bei allen Veranstaltungen, die der Pfarrer bzw. die Pfarrerin leitet, ein schwarzer Punkt angebracht wird («Pfarrerkirche?»), und wenn bunte Klebepunkte die verschiedenen Altersgruppen kenntlich machen, die erreicht werden («Wo bleibt die mittlere Generation?»).
Die Zettel werden auf einem großen Bogen einander zugeordnet. Mit Filzstiften werden Verbindungslinien eingezeichnet. So wird deutlich, wo Kommunikationslinien verlaufen und wo sie fehlen.
Nun ist eine erste Zusammenfassung möglich: Was sind die vordringlichsten Probleme? Wo sind die größten Chancen für die Gemeindeentwicklung?
Ein anderer Weg, gemeindliche Wirklichkeit wahrzunehmen, kann mit Hilfe eines Fragebogens beschritten werden. Das ist sinnvoll, wenn die Befragung vor dem Wochenende durchgeführt worden ist und nun die Ergebnisse vorgestellt und für die weitere Arbeitsplanung betrachtet werden können. Natür-

lich kann ein Kirchenvorstand auch, ausgehend von einem vorhandenen Fragenbogen, seinen eigenen Fragebogen erarbeiten. Das wird zu Klärungen helfen, welche Fragen man selbst in der eigenen Situation für wichtig hält.

Fragebogen zur Analyse der Gemeindesituation
Gemeindeaufbau geht von der vorhandenen Gemeindesituation aus und sucht nach den Kräften, die Wachstum bewirken: Vertiefen von vorhandenem Glauben und Gewinnen von Menschen, die am Gemeindeleben teilnehmen.
Die folgenden Fragestellungen helfen, Fragen des Gemeindeaufbaus im Blick auf konkrete Gemeindesituationen zu bedenken.

1. Zur Gemeindesituation

Gab es in den vergangenen Jahren wichtige Veränderungen in der Gemeinde? Welche?

Wurde darüber offen in der Gemeinde diskutiert im Zusammenhang? Wie?

Wer war an dieser Diskussion beteiligt? (Kirchenvorstand, Mitarbeiterkreis, Gemeindeversammlung oder...)

Welche Möglichkeiten zur Veränderung sind vorhanden? Was wächst?

Welche Beharrungsmomente spielen eine Rolle? Was stagniert oder nimmt ab?

2. Zum Selbstverständnis der Gemeinde

Gibt es biblische Leitbilder, die für die Gestalt der Gemeinde prägend sind? Welche?

Wie sieht die Gemeinde ihren Ort in der konkreten Lebenswelt, die sie umgibt und deren Teil sie ist?

Wie steht es mit der Zusammenarbeit mit Vereinen, Kommune usw.?

Wie geht die Gemeinde mit unterschiedlichen Formen von Frömmigkeit und Teilnahmeverhalten am gemeindlichen Leben um?

3. Zur Gemeindearbeit

Wann und wo hat es die Kirchengemeinde mit den der Kirche eher fernstehenden Menschen zu tun?

___

___

Was geschieht, um Fernstehende zu besuchen, einzuladen, zu beteiligen?

___

___

Wie wird verdeutlicht, dass die Kirchengemeinde aus einer geistlichen Orientierung heraus lebt und arbeitet?

___

___

Welche Angebote geistlichen Lebens gibt es in der Gemeinde?

___

___

4. Zu den Mitarbeitern/innen

Ist Gemeindeaufbau Anliegen aller Mitarbeiter/innen oder nur einzelner oder nur von Pfarrer/in?

____

____

Wer übernimmt neue Aufgaben? (Die vorhandenen Mitarbeiter/innen, neue Mitarbeiter/innen?)

____

____

Wie werden neue ehrenamtliche Mitarbeiter gewonnen?

____

____

Wie und wo geschieht Aus-, Fort- und Weiterbildung der Mitarbeiter/innen?

____

____

Was wird hierfür an Ressourcen eingesetzt?

____

____

Wie wird Mitarbeit beendet?

____

____

5. Zur Rolle von Pfarrer/in

Welche Rolle hat der/die Pfarrer/-in bei der Zielbestimmung für den Gemeindeaufbau?

Welche Rolle spielt sie/er, wenn es darum geht, Menschen zu gewinnen und im Glauben zu stärken?

Wie kommt in der Gemeinde das «Priestertum aller Glaubenden» zum Tragen?

Arbeitseinheit 3

Biblische Orientierung

In der Bibel begegnen viele, sehr verschiedene Bilder für die Gemeinde. Sie stehen jedes für sich und sind doch alle auf die Ergänzung durch die anderen Bilder angewiesen. Es gibt nicht «*das* biblische Bild» von Gemeinde. Diese Entdeckung kann helfen, aller Tendenz zur Gleichmacherei zu widerstehen, die gerade für geistliche Prozesse tödlich sein kann.

Ohne Anspruch auf Vollständigkeit sind hier einige aufgelistet (vgl. S. 33ff):

Das wandernde Gottesvolk	– unterwegs sein
Die Stadt Gottes	– Heimat
Das Fest Gottes	– feiern
Der Leib Christi	– Einheit und Vielfalt
Gesandte Gottes	– Auftrag
Licht der Welt / Salz der Erde	– dazwischen sein
Senfkorn	– wachsen
Kreuz Christi	– Hingabe
Braut Christi	– Liebe und Schönheit

Mit biblischen Bilder kann die gegenwärtige Situation einer Gemeinde neu angeschaut werden: zu welchem dieser Bilder fühlen sich viele von uns hingezogen? Warum ist das so? Was in unserer Situation wird von diesen Bildern aufgegriffen? Welches Bild fordert uns besonders heraus? Welches Bild ist uns allen ganz fremd? Steckt womöglich gerade in diesem fremden Bild etwas, was wir genauer anschauen müssten?

Ziel dieser Arbeit an den biblischen Bildern ist, dass die konkrete Gemeinde sich in ihrer Vielfalt vor Ort erkennen und bejahen kann und dass sie durch diese Bilder zu neuen Schritten über gewohnte Denk- und Traditionsmuster hinaus motiviert wird.

Arbeitseinheit 4

Am Samstagnachmittag wird begonnen daran zu arbeiten, wie aus den verschiedenen Sichtweisen der einzelnen KV-Mitglieder ein gemeinsames Bild für einen Zeitabschnitt der KV-Arbeit gewonnen werden kann. Dabei gilt: Die Vielfalt darf nicht mit der «Dampfwalze» von Mehrheitsentscheidungen «platt gemacht» werden – es geht um Konsensbildung, in der auch Minderheiten ihren Platz behalten und in der möglichst vieles aus der Vielfalt der einzelnen Bilder erhalten bleibt.

Die Arbeit mit den Piktogrammen wird jetzt so verändert, dass von vornherein nur ein Blatt an die Gruppe ausgegeben wird. Die Aufgabe heißt: Einigen Sie sich mit Hilfe dieser Bilder und eigener Ergänzungen durch Leerkarten, welches Bild von Gemeinde Ihnen als KV wichtig ist.

Achten Sie dabei darauf, dass Sie das einbringen, was Ihnen wichtig ist, und dass Sie gleichzeitig niemanden in dem, was ihm/ihr wichtig ist, übergehen.

Für diesen zweiten Schritt braucht man reichlich Zeit – ca. 90 Minuten sollten für Gespräch und Auswertung zur Verfügung stehen.

Daran anschließen kann sich die

Verabredung von Zielen und Arbeitsvorhaben.

Die Wahrnehmung der Situation und die Orientierung an biblischen Leitbildern sollen zu einem Konsens über ein gemeinsames Leitbild für die Gemeinde in den kommenden Jahren führen. Als Konsequenz ergeben sich daraus konkrete Aufgaben. Folgende Fragen können zur Klärung helfen:

– Was soll bleiben und unverändert weitergeführt werden?
– Was kann/soll reduziert werden?
– Was kann/soll eingestellt werden?
– Was soll gefördert, was soll neu begonnen werden?
– Wer soll was bis wann tun?

Gemeinsam Gottesdienst gestalten

In der Regel ist für die Vorbereitung in kleinen Gruppen ein zeitlicher Rahmen von ca. einer Stunde am Sonntagvormittag angemessen. Folgende Aufgaben können kleine Gruppen übernehmen:

– Formulierung von Klage und Dank
– Auswahl der Lieder
– Beiträge aus der Arbeit des Wochenendes
– Fürbitten
– Glaubensbekenntnis, das Erfahrungen und Hoffnungen des Wochenendes aufnimmt
– Gestaltung des Raumes und Altars

Im folgenden Vorschlag sind die Elemente des Gottesdienstes, die Kleingruppen übernehmen, fett gedruckt. Es wird deutlich, dass eine Gruppe miteinander Gottesdienst feiert. Eine kurze Absprache vor Beginn ist angebracht, um Doppelungen zu vermeiden.

Vorschlag für einen gemeinsam gestalteten Gottesdienst im Rahmen eines Kirchenvorstandswochenendes

I. Eröffnung und Anrufung:

Begrüßung – Votum
Lied
Was wir im Blick auf unser Wochenende (unser Thema) Gott sagen wollen
Was wir ihm klagen (Kyrie)
Wofür wir ihn loben (Gloria)
Gebet für den Gottesdienst
Lied

II. Verkündigung und Bekenntnis

Biblische Lesung(en)
Beiträge aus unserer Mitte (z.B. Ergebnisse aus der Gruppenarbeit oder Bibelgespräch)
(Vertiefung, Zusammenfassung)
Lied
Bekenntnis (aus aktuellem Anlass formuliert oder traditionelle Form)
Was wir glauben
Lied

III. Mahl

Tisch decken
Gabenbereitung
Präfation
Sanctus
Abendmahlsgebet

Einsetzungsworte
Christe, du Lamm Gottes
Vater unser
Friedensgruß
Austeilung (mit Singen?)
Dank und Fürbitte
Lied

IV. Sendung und Segen

Sendungswort
Segenslied
Segen

Auswertung der KV-Arbeit mit der Kirchenordnung

Für ein *Auswertungswochenende* bietet es sich an, einmal zu betrachten, was denn die tatsächlichen Arbeitsschwerpunkte der KV-Arbeit sind. Dazu ist ein Blatt entwickelt worden, das von der Kirchenordnung (der EKHN) ausgeht.
In den Texten von Kirchenordnung und Kirchengemeindeordnung finden sich viele Beschreibungen der Aufgaben des Kirchenvorstandes. Das Arbeitsblatt ermöglicht, die Erfahrungen in der KV-Arbeit aufzugreifen und in Richtung einer Bilanzierung auszuwerten.

Aufgaben des Kirchenvorstands nach Kirchenordnung und Kirchengemeindeordnung der EKHN

Der Kirchenvorstand leitet nach der Schrift und gemäß dem Bekenntnis die Gemeinde und ist für das gesamte Gemeindeleben verantwortlich.
Meine Erfahrungen:

Der KV hat darauf zu achten, dass in der Gemeinde das Wort Gottes lauter verkündigt wird und die Sakramente recht verwaltet werden.
Meine Erfahrungen:

Der KV soll die Sendung der Gemeinde ernst nehmen und auch die Gemeindeglieder dazu anhalten.
Meine Erfahrungen:

Geeignete Gemeindeglieder soll der KV zur Mitarbeit ermuntern und vorhandene Gaben in der Gemeinde wirksam werden lassen.
Meine Erfahrungen:

Der KV vertritt die Gemeinde in geistlichen und rechtlichen Fragen.
Meine Erfahrungen:

Der KV achtet auf die Ordnung und Gestaltung des kirchlichen Lebens in der Gemeinde.
Meine Erfahrungen:

Der KV trägt Mitverantwortung für die Seelsorge sowie die Entscheidung in Fragen der Kirchenzucht.
Meine Erfahrungen:

Der KV achtet darauf, dass der missionarische Auftrag der Gemeinde ernst genommen wird.
Meine Erfahrungen:

Der KV achtet darauf, dass möglichst regelmäßig Haus- und Krankenbesuche gemacht werden.
Meine Erfahrungen:

Der KV sorgt dafür, dass Gemeindeveranstaltungen zur geistlichen Weiterführung und Zurüstung der Gemeindeglieder gehalten und dafür die geeigneten Wege gesucht werden.
Meine Erfahrungen:

Der KV achtet darauf, dass die diakonischen Aufgaben in Gemeinde und Gesellschaft wahrgenommen werden.
Meine Erfahrungen:

Der KV bedenkt und erprobt für die jeweiligen Verhältnisse auch notwendige neue Formen des Gemeindelebens.
Meine Erfahrungen:

Der KV achtet darauf, dass die Jugend in ausreichendem Maße mit dem Glauben vertraut wird.
Meine Erfahrungen:

Der KV sorgt dafür, dass die Verantwortung für ökumenische Aufgaben geweckt wird.
Meine Erfahrungen:

Der KV achtet darauf, dass das Zusammenleben mit anderen Kirchen, Gemeinden und Gemeinschaften am gleichen Ort gefördert wird.
Meine Erfahrungen:

Der KV verwaltet das Kirchenvermögen, die Gebäude und beschließt den Haushalt.
Meine Erfahrungen:

Der KV schließt Dienstverträge mit haupt- und nebenamtlichen Mitarbeitern.
Meine Erfahrungen:

Der KV ordnet die Erhebung der gottesdienstlichen Kollekten und verwaltet sie.
Meine Erfahrungen:

Das Arbeitsblatt wird an alle im Kirchenvorstand ausgeteilt.
Arbeitsauftrag: Schreiben Sie stichwortartig Ihre Erfahrungen mit den einzelnen Aufgaben des Kirchenvorstandes, wie sie hier formuliert sind, auf.
Für diese Einzelarbeit sind 30 Minuten nicht zu kurz bemessen. (An einem KV-Wochenende lässt sich dafür erheblich mehr Zeit einplanen und sinnvoll nutzen.)
In einem zweiten Schritt werden die Erfahrungen der Einzelnen zusammengeführt. Dazu hängt das Arbeitsblatt in doppelter Ausfertigung auf DIN A2 vergrößert an der Wand. Die Einzelnen werden gebeten, je nachdem, ob sie ihre Erfahrungen mit einem Aufgabengebiet des KV eher positiv oder eher negativ bewerten, auf dem entsprechenden Blatt ein Zeichen anzubringen.
An diese Arbeit schließt sich eine Kommentarrunde an, in der die Einzelnen ihre Entscheidungen darlegen können. Danach wird versucht, das Gesamtergebnis zu sichten und auszuwerten. Vermutlich wird sich vor allem an den gegensätzlichen Wertungen ein intensives Gespräch entzünden. Als Variation ist möglich, die Bewertungen des Pfarrers/der Pfarrerin auf einem Sonderblatt sichtbar zu machen, um so mögliche Wahrnehmungsunterschiede zwischen den anderen KV-Mitgliedern und dem Pfarrer/der Pfarrerin auch in die Diskussion einzubeziehen.
Die Erfahrung zeigt, dass viele Aufgaben, die die Kirchenordnung formuliert, als Überforderung erlebt werden oder im konkreten Vollzug der Arbeit keine Rolle (mehr) spielen. Daran können sich sehr fruchtbare Gespräche über die zukünftige Prioritätensetzung anschließen.
In einem Bilanzierungswochenende kann auch das Analyse-Verfahren aus Arbeitseinheit 2 sinnvoll eingesetzt werden, um zu kontrollieren, was denn aus den geplanten Aktivitäten tatsächlich geworden ist.

Zeitplanung für ein Wochenende

Freitagabend:
Bis 18.00 Uhr Anreise; Zimmerverteilung
18.15 Abendessen
Begrüßung; Singen
Loslass-Runde: wovon ich mich getrennt habe, was zuhause geblieben ist
Gesprächseinstieg: Was mir am Glauben wichtig ist (30 min)
Stillarbeit mit Piktogrammen und Präsentation: Meine «ideale» Gemeinde
21.00 Abend-Gebet als Abschluss der Tagesarbeit

Samstag
Frühstück
9.00 Andacht
9.15 1. Einheit: Die Situation der Gemeinde wahrnehmen
Kriterium der Betrachtung: betreut – beteiligt
wachsend – lahmend
selbstgenügsam – offen zur Dienstgemeinschaft
Ziel: zu einer Einschätzung des Ist-Zustandes kommen!
Realismus entlastet
Befreiung von «Traumbildern»

10.30 2. Einheit: Biblische Bilder von Gemeinde
Impuls (ca. 30 min) – Rundgespräch
Geplantes Ergebnis:
Das Dreieck von Aufgabe – Ort – Wünschen wird erkennbar
Es wird Ausgangspunkt für die Weiterarbeit

12.30 Mittagessen

15.00 3. Einheit: Wohin soll die Reise gehen?
Verknüpfung von Auftrag – Sehnsucht – Erfahrung
Formulierung eines «mission statement»:
➔ Das ist unser Leitsatz für die nächsten zwei Jahre:

18.00 Abend-Gebet als Abschluss der Tagesarbeit
Abendessen
Samstagabend
Abend der Begegnung

Sonntag
8.15 Sonntagsbegrüßung / Frühstück
9.45 Gottesdienst (in Aufnahme der Methode des Bibel-Teilens)
11.30 Ergebnissicherung / Feedback-Runde

Mittagessen

Abreise

Ein stilles Wochenende für den Kirchenvorstand

Paul Martin Clotz

Freitagabend:
Ankommen, zur Ruhe kommen, die andern und sich selbst wahrnehmen (Texte, Lieder, behutsame Gespräche). Markus 6,30-44 wird bedacht und auf die Situation dieses Vorstands bezogen. Meditative Körpererfahrungen im Sitzen, Stehen und Gehen.
Zum Abschluss einen «Raum der Stille» erleben.

Samstag:
Meditativer Spaziergang vor dem Frühstück.
Danach Andacht mit erster kurzer Übung des schweigenden, betrachtenden Gebets.
Meditatives Gestalten mit Ton: «Meine Sehnsucht». Austausch zu dritt.
Zeit für sich.
Mittagsgebet
Nachmittags: Ein großes Labyrinth begehen und bedenken.
Anmerkung: Große auf Stoff gemalte Labyrinthe können z. B. im Zentrum Verkündigung und im Haus der Stille, Waldhof Elgershausen, (Anschriften s.S. 141) ausgeliehen werden.
Danach bei einem Spaziergang zu zweit wie die Emmaus-Jünger sich austauschen über das, wo «das Herz brannte».
Die Erfahrungen mit dem Labyrinth und dem Gestalten mit Ton dann noch einmal verdichten und in einen «Haiku» fassen (*Japanische Gedichtsform mit 3 Zeilen. Die erste hat 5 Silben, die zweite 7, die dritte 5)*.

Beispiele:

Gemeinsam reden
mehr noch: gemeinsam schweigen.
Beides hilft weiter.
Zwölfmal umkehren:
Das Labyrinth erzwingt es.
Übung fürs Leben.

Abends: Gemeinsame Gesprächsrunde: Wie passen die Erfahrungen hier mit meinem sonstigen Leben und mit unserer Gemeinde zusammen?
Tagesschluss mit Schweigemeditation.

Sonntag:
Meditativer Spaziergang vor dem Frühstück.
Nach dem Frühstück Morgengebet im Schweigen. Es beginnt mit einer kurzen Einführung in «Wiederholendes Gebet». Nach der Schweigezeit Austausch zu dritt.
Freie Zeit.
Abschluss vor dem Mittagessen mit einem Abendmahlsgottesdienst.
Darin: Aus der Christophoruslegende: Er suchte ein «Handwerk», weil er nicht beten kann. Und die Geschichte vom betenden, also tanzenden Gaukler.

«Das sind Erfahrungen, die ich nicht missen möchte ...»

Sechs Jahre Kirchenvorstands-Arbeit – ein Gespräch

Georg Pape

Im folgenden Rundgespräch (Auszug) äußern sich fünf Mitglieder eines Kirchenvorstandes über ihre Erfahrungen in den bald sechs Jahren ihrer Amtszeit. Alle fünf waren 1997 erstmals in einen Kirchenvorstand gewählt worden:

Claudia Benz, (CB), 46, Projektcontrollerin, verh., 2 Kinder
Dirk Breunig, (DB), 40, Bankkaufmann, verh., 2 Kinder
Petra Möller, (PM), 47, Bankkauffrau, verh., 2 Kinder
Patrick Pähler, (PP), 32, Unternehmensberater
Petra Velten (PV), 38, Industriekauffrau, verh. 2 Kinder
Die Fragen stellte Georg Pape (GP)

GP: Ihre erste Amtszeit als Kirchenvorsteherinnen und Kirchenvorsteher geht in diesem Jahr zu Ende – dann werden Sie sechs lange Jahre in der Leitung einer Gemeinde mitgearbeitet haben. Ihnen allen gemeinsam ist, dass Sie bei der letzten KV-Wahl zum ersten Mal kandidierten und gewählt wurden. Ich möchte Sie nach Ihren Erfahrungen in diesen sechs Jahren fragen – auch um Menschen, die in diesem Jahr in einen KV gewählt werden, einen Eindruck von dem zu vermitteln, was sie erwarten könnte. Meine erste Frage:
Wie war Ihr Verhältnis zur Kirche und zu Ihrer Gemeinde, bevor Sie in den KV gewählt wurden?

PM: Mein Verhältnis zur Kirche war nach meiner Konfirmation 1969 sehr gespalten. Das lag vor allem an der Art des Konfirmandenunterrichts damals. Der hatte mit meinem Leben und meinen Fragen als Jugendliche nichts zu tun und bestand hauptsächlich im Auswendiglernen von Texten, die ich nicht verstand. Berufliche Gründe und der Umzug in eine andere Stadt führten dazu, dass sich der ohnehin vorhandene Abstand zur Kirche später noch vergrößerte. Näher zur Kirche fand ich erst wieder durch das Taufgespräch vor der Taufe unserer Tochter mit unserem Pfarrer. Seine Art, offen und nah am Menschen zu sprechen, machte mich neugierig. Als unsere Tochter dann den evangelischen Kindergarten besuchte, ergaben sich engere Kontakte zur Kirchengemeinde.

PP: Ich bin in einem nicht kirchlich oder religiös geprägten Elternhaus aufgewachsen; dennoch bin ich noch zur katholischen Erstkommunion gegangen. Danach war eine lose Bindung zur Kirche nur noch über den Religionsunterricht in der Schule gegeben. Als die evangelische Kirchengemeinde einen Zivildienstleistenden suchte, bewarb ich mich dort und übernahm im Rahmen des Mobilen Sozialen Hilfsdienstes die Betreuung von alten, behinderten und kranken Menschen im Ort. Daneben lernte ich auch die übrige Gemeindearbeit kennen. Ich konvertierte, arbeitete auch nach meiner Zivi-Zeit im Projekt «Kultur in der Kirche» mit und wurde später in den Kirchenvorstand berufen.

GP: Wodurch wurden Sie seinerzeit motiviert, im KV mitzuarbeiten?

CB: Ich habe schon als Jugendliche in der evangelischen Jugendarbeit aktiv mitgearbeitet. In unserer jetzigen Gemeinde war die Kindergartenzeit meiner Töchter ganz wichtig. Ich arbeitete ehrenamtlich im Kindergartenausschuss der Gemeinde mit, habe bei Gemeindefesten mitgewirkt und an besonderen Gottesdiensten teilgenommen. Beide Töchter haben später lange als Teamerinnen in der Konfirmandenzeit mitgearbeitet. Ihre Begeisterung hat mich angesteckt, mich noch stärker in die Gemeinde hinein zu begeben.

DB: Auch bei mir spielten unsere Kinder eine wichtige Rolle. Unser Pfarrer bot damals eine Seminarreihe für junge Eltern an: «Wenn Kinder nach Gott fragen ...», so lautete das Thema. Und es ging natürlich erst einmal auch um unseren eigenen Glauben als Erwachsene. Mich hat dieses Seminar sehr beeindruckt und veranlasst, mich für den «Kindertreff», den Kindergottesdienst unserer Gemeinde zu engagieren und später dann auch für den KV zu kandidieren.

GP: Wie hat Ihre Umgebung (Familie, Freunde, Bekannte, KollegInnen) reagiert, als Sie dann KV-Mitglied waren?

CB: Familie und Freundeskreis haben mit Interesse und Neugier reagiert, die Kolleginnen und Kollegen eher mit einem mitleidigen Lächeln, nach dem Motto: «Was willst *du* denn bei den ‹Heiligen›?» Im übrigen waren viele in meinem beruflichen Umfeld erstaunt darüber, dass man überhaupt in der Kirche ehrenamtlich mitarbeiten kann. Die Akzeptanz gegenüber einer ehrenamtlichen Tätigkeit z.B. beim Roten Kreuz, bei der Gewerkschaft oder in einem Sportverein ist viel größer als die Akzeptanz gegenüber dem Ehrenamt in der Kirche.

PM: Das habe ich ähnlich erlebt: anfänglich waren viele in meiner Umgebung verwundert; es gab auch spöttische Bemerkungen. Aber das hat sich inzwischen geändert. Jetzt gibt es im Freundeskreis häufiger auch Gespräche über unser Gemeindeleben. Auch meine Kinder beteiligen sich heute aktiv in der Gemeinde – als Teamer in der Konfi-Arbeit; und mein Ehemann unterstützt die Gemeinde handwerklich bei diversen Baumaßnahmen.

GP: *Welche Erinnerungen haben Sie an Ihre Anfangszeit im KV?*

PV: Ich war erstaunt und überrascht über die Vielfalt der Arbeit und über den Umgang mit den vielen Aufgaben: wir haben die Gemeinde nicht nur verwaltet, sondern immer wieder nach Sinn und Ziel unserer Arbeit als Gemeinde gefragt.

PP: Im ersten Jahr musste ich noch viele Fragen stellen, weil ich bei manchen Entscheidungen weder die historischen noch die inhaltlichen Hintergründe kannte. Ich habe aber immer positive Rückmeldungen für mein Nachfragen erhalten. Das wurde auch von den Altvorderen sehr geschätzt, weil es auch sie veranlasste, sogenannte Selbstverständlichkeiten zu hinterfragen.

GP: *Wofür haben Sie sich in Ihrer Zeit als KV besonders interessiert und engagiert?*

DB: Zunächst wollte ich ganz bewusst Kontrapunkte zu meiner täglichen Arbeit setzen, d.h. nichts mit Finanzen, Personal oder Organisation zu tun haben. Deshalb entschied ich mich für den Schwerpunkt Kinder- und Jugendarbeit. Da fühlte ich mich am nächsten dran. Später habe ich mich für die Gründung eines Fördervereins für unsere Gemeinde engagiert, in dem ich auch jetzt noch mitarbeite. Im übrigen habe ich das gute Gefühl, mich mit meinen Stärken und Fähigkeiten an ganz vielen Stellen einbringen zu können.

CB: Besonders gern habe ich von Anfang an bei der Gestaltung von Gottesdiensten mitgewirkt. Darüber hinaus bin ich im Personalausschuss tätig, wo wir inzwischen jährliche Mitarbeitergespräche mit allen Hauptamtlichen führen. Da habe ich die Erfahrung gemacht, wie wichtig es ist, dass wir uns als Kirchenvorstand auch mit den «Profis» regelmäßig über Inhalte und Ziele unserer gemeinsamen Arbeit austauschen und auch unsere Vorstellungen gegenüber den Hauptamtlichen artikulieren.

GP: Welche Durststrecken und Höhepunkte haben Sie in Ihrer KV-Arbeit erlebt?

PV: An lange Durststrecken kann ich mich nicht erinnern. Natürlich gab es auch Zeiten, in denen ich das Gefühl hatte, wir kommen nicht recht voran. Enttäuscht war ich manchmal über geringe Gemeinderesonanz, z.B. bei Gemeindeversammlungen, die wir immer sehr gründlich vorbereitet hatten. Wir wollten ja nicht nur unsere eigenen Ziele verfolgen, sondern die Vorstellungen möglichst vieler Gemeindemitglieder aufgreifen. Unsere Arbeit an Leitbild und Konzept der Gemeinde fand ich zuweilen ermüdend, weil sie sehr gründlich war und ich mir manchmal schnelleren Erfolg gewünscht hätte. Aber in der Rückschau hat sich das alles doch gelohnt.

DB: Zu den Höhepunkten der bald sechs Jahre gehörten zweifellos unsere KV-Klausuren, die zu Beginn eines jeden Jahres an einem Wochenende auswärts stattfinden. Hier haben wir bei aller Unterschiedlichkeit sehr viel Gemeinsames entdeckt, haben miteinander Gottesdienst und Agape gefeiert. Und von hier sind viele Impulse in die Gemeindearbeit hinein ausgegangen, z.B. für die inzwischen zur Tradition gewordene Gestaltung der Osternacht.

GP: Wie hat sich Ihr Verhältnis zur Kirche und Ihrer Gemeinde durch Ihre Tätigkeit verändert?

PM: Prinzipiell hat sich nicht viel verändert. Allerdings sehe ich heute viel deutlicher als früher die große Bedeutung des ehrenamtlichen Engagements, das – wie ich denke – in allen Bereichen unserer Gesellschaft, aber ganz besonders auch in der Kirche aufgewertet werden muss. Lebendig wird die Gemeinde durch die Menschen, die in ihr leben und mitarbeiten, nicht nur durch die Hauptamtlichen – obwohl auch hier viel von Personen abhängt.

PV: Für mich hat sich das Verhältnis zu Gemeinde und Kirche vertieft und gefestigt. Ich habe in dieser Gemeinde eine Heimat gefunden, verstehe mehr, worum es geht, und werde mich ganz sicher auch nach Beendigung meiner Zeit als Kirchenvorsteherin am Leben der Gemeinde beteiligen. Insgesamt bin ich an den Aufgaben gewachsen und gereift. Ich möchte die Erfahrungen in meiner Zeit als Kirchenvorsteherin nicht missen!

GP: Wie konnten Sie Ihre ehrenamtliche Tätigkeit im KV mit Ihrem Privat- und Familienleben sowie mit Ihrem Beruf vereinbaren?

PP: Mit dem Privatleben gab es da weniger Schwierigkeiten, zumal ich viele meiner Interessen in die Gemeindearbeit einbringen konnte, z.B. mein Interesse an kulturellen, sozialen, gesellschaftlichen und politischen Fragen. Beruflich ist das viel schwieriger. Ich habe jetzt eine neue, verantwortungsvolle Aufgabe in meiner Firma übernommen, werde für längere Zeit nur noch an Wochenenden zu Hause sein und kann deshalb auch nicht wieder für den KV kandidieren. Das ändert aber nichts an meiner enger gewordenen Beziehung zur Gemeinde und daran, dass ich hier meine religiöse Heimat gefunden habe.

PM: Für mich als berufstätige Frau mit zwei heranwachsenden Kindern war das nicht immer leicht. Es sind ja nicht nur die eigentlichen Sitzungstermine; es gibt Ausschüsse und Arbeitsgruppen, es gibt viele Veranstaltungen, und ich finde es schon wichtig, möglichst oft – wenn auch nicht immer in hauptverantwortlicher Funktion – dabei zu sein. Manchmal war ich auch ziemlich erschöpft. Und es war hin und wieder auch ziemlich schwierig, die Familie, den Beruf und das Ehrenamt unter einen Hut zu bringen. Ohne Konflikte lief das jedenfalls nicht immer ab. Andererseits muss ich sagen: ich habe so viel zurückbekommen an Verstanden- und Getragenwerden – das wiegt manchen Stress auf.

GP: Was raten Sie Frauen und Männern, die jetzt neu in einem KV anfangen?

CB: Lasst es langsam angehen! Wachstum – das eigene wie das der Gemeinde – braucht Zeit. Uns hat damals eine Phase zum allmählichen Kennenlernen gefehlt. Eines unserer späteren Klausur-Wochenenden wäre ganz am Anfang hilfreich gewesen. Dann ist eine große Offenheit – auch in Glaubensfragen – von Anfang an wichtig. Wir müssen nicht, weil wir nun im KV sind, die «Oberfrommen» und frei von Zweifeln sein. Im Gegenteil: Offenheit und Ehrlichkeit schaffen das Vertrauensklima, das notwendig ist, um einen guten Weg miteinander und mit der ganzen Gemeinde zu gehen.

PP: Auch nach meiner Erfahrung sollte man nicht gleich auf jede gestellte Aufgabe springen. Zunächst ist der Austausch mit den anderen wichtig. Dann sollte man sich einen oder zwei Schwerpunkte suchen, um die man sich besonders kümmern möchte. Auf jeden Fall darf man sich auch in diesem Ehrenamt nicht grenzenlos ausbeutbar machen. Und noch etwas: Keine Angst vor Führung! Der KV ist das leitende Gremium der Gemeinde. Das haben wir erst allmählich gelernt – vielleicht auch deshalb, weil, wer führt, nicht immer nur uneingeschränkte Zustimmung erfährt.

GP: Inwiefern und wodurch wurde die gemeinsame Arbeit in Ihrem KV zur geistlichen Gemeindeleitung?

PV: Mit dem Stichwort «geistliche Gemeindeleitung» hätte ich früher nichts anfangen können. «Geistlich» – das war der Pfarrer. Er war der für Gottesdienst und Seelsorge

Verantwortliche und der in theologischen Fragen Wissende. Ich selber habe mich am Anfang immer gefragt, ob ich, die ich so wenig von Bibel, Glauben und Kirche verstand, überhaupt berechtigt war, in der Gemeindeleitung mitzuarbeiten. Heute denke ich: Ja, wir haben geistliche Gemeindeleitung praktiziert – beginnend damit, dass wir mehr und mehr im Geist des Vertrauens und des gegenseitigen Respekts bei aller Unterschiedlichkeit miteinander gearbeitet haben.

DB: Ich denke auch, dass wir geistliche Gemeindeleitung praktiziert haben. Ganz wichtig war dabei unser Kirchen-Innenraum, der in unserer Zeit umgebaut und neu gestaltet wurde. Welche Zeichen setzt dieser Raum, was «predigt» er? Was ist Liturgie, und wie wollen wir unsere Gottesdienste feiern? Oder: die gemeinsame Gestaltung der Osternacht, die Inhalte der Konfi-Arbeit und vieles mehr – alles Fragen und Themen, die für mich zu einer geistlichen Gemeindeleitung gehören. Immerhin war jede dritte KV-Sitzung eine rein inhaltliche, die wir von Verwaltungsfragen ganz frei hielten, um an Leitbild und Konzept unserer Gemeinde zu arbeiten. Nicht zuletzt gehörten zur geistlichen Gemeindeleitung natürlich auch die Andachten und Bibelarbeiten im Rahmen unserer Klausuren und Sitzungen.

Die Teile und das Ganze

Hermann Birschel

In 1.Korinther 12 spricht Paulus von der Gemeinde als dem Leib Christi. Jedes Glied ist für das Ganze notwendig, auch wenn sie unterschiedliche Aufgaben haben. Der Leib lebt davon, dass sie füreinander einstehen und dass alle ihre Aufgaben übernehmen.

Wenn Gemeinde «sich organisiert», dann entspricht das ihrem organischen Wesen. Sie sucht nach einer Gestalt, in der die einzelnen Glieder lebendig miteinander verbunden sind, in der Einzelne sich gut entfalten können, in der Kräfte und Gaben sinnvoll eingebracht werden. Für die Selbst-Organisation einer Gemeinde halten wir deshalb folgende Grundlagen fest:

- Wahrnehmung und Würdigung jedes und jeder Einzelnen. Jede und jeder (!) ist einmalig und besonders und verdient deshalb die Wertschätzung der Anderen;
- Vielfalt ist ein wichtiges Merkmal der schöpferischen Kraft Gottes, darum will sie im Leben der Gemeinde sichtbar werden – in der Vielfalt der Menschen und in der Vielfalt der Gaben;
- die Gemeinde ist mehr als die Summe vieler Einzelner; sie ist, wo immer sie existiert, die Darstellung des Leibes Christi.

Die Strukturen der Gemeinde gehören also zu ihrem geistlichen Wesen; wir suchen nach Formen, die einer volkskirchlichen Gemeinde in der heutigen Zeit helfen, diese grundlegenden geistlichen Erkenntnisse lebendig und wirksam werden zu lassen.

Gruppen und Kreise

Volkskirchliche Gemeinden haben in Deutschland meist eine vierstellige Zahl von Mitgliedern. Selbst wenn mehr als die Hälfte davon häufig im Laufe eines Jahres ihre Gemeinde nur von außen wahrnimmt, bleibt die Zahl zu groß, als dass Einzelne in dieser großen Gemeinschaft ein Zuhause finden können – Anerkennung, Trost, Wegweisung, Engagement ...
In vielen Bereichen haben sich darum Gruppen und Kreise gebildet: Frauenhilfe und Seniorenkreis, Besuchsdienst-Gruppe und Hauskreis, Kirchenchor, Eine-Welt-Gruppe ... Sie bieten Einzelnen die Möglichkeit, sich in der Gemeinde zuhause zu fühlen und sich mit ihren Gaben einzubringen.
Die «Verkreisung» der Gemeinde kann freilich auch eine Gefahr sein; besonders dann, wenn Gruppen und Kreise über längere Zeit hinweg konstant zusammengesetzt sind, wenn es kaum möglich ist, dass neue Leute einen Platz finden. Dann mag nach außen hin über fehlenden Nachwuchs geklagt werden – er wird sich nicht einstellen. Es ist darum wichtig, dass bewusst Wege gesucht werden, wie die Gruppen und Kreise der Gemeinde sich «neu mischen».
Weiter erscheint es wichtig, dass Gruppen nicht *entweder* nur der eigenen Erbauung dienen (z. B. Hauskreise) *oder* einen Dienst für andere übernehmen (z. B. Besuchsdienst-Gruppe), sondern dass beides möglichst *gemeinsam* wahrgenommen wird. Beispiel: Auch der Besuchsdienst-Gruppe wird es gut tun, wenn ihre Treffen «erbaulich» gestaltet werden – mit einer gut vorbereiteten Andacht, in die die Einzelnen sich einbringen können, mit einem «Blitzlicht» zu Beginn, wo persönliche Freuden und Sorgen angesprochen werden können, mit einer Leitung, die auch wahrnimmt, wenn jemand fehlt und ihn oder sie anruft, mit einer schönen Feier zum Jahresabschluss.
Dem Hauskreis wird es gut tun, wenn neben dem Bibelgespräch ein gemeinsames Engagement steht – z. B. für ein Al-

tenheim in der Gemeinde; und auch der Kirchenchor mag den Kontakt zum Projekt der Eine-Welt-Gruppe suchen. Gruppen, die auf eine Aktivität oder ein Engagement ausgerichtet sind, brauchen auch eine aufbauende, geistliche Dimension; Gruppen, die von ihrer Art her eher dem geistlichen Wachstum dienen, brauchen auch Möglichkeiten, wie der Glaube sich im Alltag bewähren kann.
Leben und Vielfalt der Gemeinde kann darin zum Ausdruck kommen, dass Gruppen und Kreise regelmäßig im Gottesdienst vorkommen. Dies sollte bewusst geplant werden, sei es, dass eine Gruppe in jedem Jahr an einem bestimmten Sonntag mitgestaltet – z. B. die Eine-Welt-Gruppe am Pfingstsonntag oder die Besuchsdienst-Gruppe am 1. Advent; sei es, dass in einem Jahresplan in jedem Monat eine Gruppe eingeplant wird. So kommen sowohl die Mitglieder dieser Gruppen als auch ihre besonderen Anliegen im Gottesdienst vor und bereichern die Gemeinde. Der Gottesdienst gewinnt an Vielfalt, an Lebendigkeit, an Konkretion – und die Einzelnen und die Gruppen können spüren, dass sie Teil eines Ganzen sind, dass sie wahrgenommen und getragen werden.

Die Liste der Mitarbeitenden

Sie ist ein wesentliches Mittel zur Wahrnehmung all derer, die das Gemeindeleben mit tragen. Viele Gemeinden machen gute Erfahrungen damit.
Jede Gruppe hält für jede Aufgabe schriftlich fest, wer hier mit dabei ist oder Verantwortung übernommen hat – vom Kirchenvorstand über den Kindergartenausschuss und die Jungschar bis hin zu den Austrägern des Gemeindebriefes und der Prädikantin. Auch die haupt- und nebenberuflich Angestellten, auch Pfarrerin und Pfarrer gehören dazu.
An einer Stelle in der Gemeinde fließen diese Informationen zusammen. Im Zeitalter des Computers ist die Pflege dieser

Informationen nicht schwer – andererseits sollte nicht unterschätzt werden, wie viele Informationen sich in kurzer Frist verändern. Und dann gilt: Eine schlecht gepflegte Liste der Mitarbeitenden ist auch nicht besser als keine.
Für manche Gruppen und Aufgabenbereiche kann es eine Hilfe sein, klar zu sagen, wer hier mitarbeitet und wer nicht, denn es sorgt für Klarheit. Manchmal stellt sich dadurch neu die Frage danach, wie Mitarbeitende eingeführt und verabschiedet werden. Und sollte es wirklich im Sinne von 1. Korinther 12 sein, dass einige im Gottesdienst eingeführt werden, andere aber nicht? Auch ein regelmäßiger Gottesdienst, in dem die ehrenamtlich Mitarbeitenden besonders angesprochen und zu dem sie schriftlich eingeladen werden, könnte neu in den Blick kommen. Ein fester Termin könnte der 2. Pfingsttag oder der Reformationstag sein, ein Empfang könnte sich anschließen. Auch die, die sich mit ihrer Zeit und Kraft der Gemeinde zur Verfügung stellen, sollen selbst die Gastfreundschaft ihrer Gemeinde erfahren!
Nicht zuletzt kann durch eine gut geführte Liste der Mitarbeitenden vermieden werden, dass beim Versand von Einladungen o. ä. Einzelne vergessen werden – mit der möglichen Folge, dass diese sich zurückziehen.

Der Kreis der Mitarbeitenden

Nach der Kirchenordnung der EKHN fasst «der Kreis der Mitarbeitenden die tätigen Gemeindeglieder zusammen, um gemeinsame Aufgaben zu besprechen... (Er) besteht aus den Mitgliedern des Kirchenvorstandes, den haupt- und nebenberuflich beschäftigten Mitarbeiterinnen und Mitarbeitern der Kirchengemeinde sowie den Gemeindegliedern, die ehrenamtlich besondere Dienste in der Kirchengemeinde versehen.»
Die Aufgaben dieses Kreises sind mit «Besprechen gemeinsa-

mer Aufgaben» freilich zu knapp beschrieben. Dazu gehören weiter:

- die gegenseitige Wahrnehmung der Mitarbeitenden der Gemeinde. Eine Vorstellungsrunde in diesem Kreis weitet den Blick und führt zu mancher Überraschung – sie muss freilich gut vorbereitet und straff durchgeführt werden, denn hier kommen leicht mehrere Dutzend Personen zusammen, und eine anderthalbstündige Vorstellungsrunde ist ermüdend!
- das Erleben der Gastfreundschaft der Gemeinde: Eventuell können immer andere Gruppen stellvertretend diese Aufgaben übernehmen; die Finanzierung übernimmt die Gemeinde.
- das geistliche Wachstum der Gemeinde durch entsprechende Impulse, eine Abendmahlsfeier an Tischen o. a.
- die Beschäftigung mit aktuellen Fragen, die Kirche und Welt berühren (z. B. Feiertagsgebot, Dekade zur Überwindung der Gewalt...)

Vor allem ist entscheidend, dass gemeinsame Erfahrung (Essen, Trinken, Gespräch) und gemeinsame Aufgaben in einem guten Verhältnis zueinander stehen. Das Treffen ist gut vorbereitet, der Raum wird schön gestaltet (Blumen!), es gibt etwas zum Trinken, vielleicht auch zum Essen. Es wird gemeinsam gesungen, es ist Zeit zum Gespräch an den Tischen.

Es ist gut, für die Durchführung dieser Treffen einen festen Rhythmus zu finden, z. B. ein Treffen mit einem Thema und einem Referenten/einer Referentin im Frühjahr und ein eher besinnliches und gemeinschaftsorientiertes Treffen im November. Als Zeitpunkt bietet sich ein Abend an – am wenigsten unter Zeitdruck wird ein Treffen am Freitag Abend stehen. Um genügend Zeit zu haben, empfiehlt es sich, bereits um 19 Uhr mit dem kommunikativen Teil zu beginnen – wer um diese Zeit noch nicht da sein kann, kann dann hoffentlich zum zweiten, stärker inhaltlichen Teil ab 20 Uhr da sein.

Die Gemeindeversammlung

Die eigentliche und grundlegende Gemeindeversammlung ist der sonntägliche Gottesdienst. Hier versammelt sich die Gemeinde, um Gottes Wort zu hören, und feiert seine Gegenwart. Der Gottesdienst bietet allerdings zum einen in der Regel wenig Gelegenheit zum Dialog, er bietet auch nur begrenzt Raum für die Auseinandersetzung mit aktuellen Themen und Problemen. Darum ist es sinnvoll, dass es daneben, in einem andern «Gemeinde-Haus», Zusammenkünfte gibt, bei denen die Gemeinde eher über aktuelle Fragen ins Gespräch kommen, sich auseinander- und zusammensetzen kann.
Nach der Kirchenordnung der EKHN soll der Kirchenvorstand wenigstens einmal im Jahr eine Gemeindeversammlung einberufen. Es gibt freilich viele Gemeinden, in denen sie nur alle sechs Jahre einberufen wird – nämlich aus Anlass der Kirchenwahl. Und zweifellos gibt es schlechte Erfahrungen, die dazu geführt haben – nämlich Gemeindeversammlungen, die kaum etwas anderes waren als öffentliche Sitzungen des Kirchenvorstands mit minimaler Beteiligung.
Trotzdem macht es Sinn, diese Möglichkeit zu nutzen. Freilich dürfen Gemeindeversammlungen nicht zwischen Tür und Angel geboren werden, sie brauchen eine sorgfältige Vorbereitung. Ihre Themen müssen durchaus nicht nur aus dem engeren Bereich der Gemeinde sein, sie können Fragen, die das Gemeinwesen betreffen, mit in den Blick nehmen. Wenn Projekte oder Pläne der Gemeinde vorgestellt werden, sollten sie optisch gut aufbereitet sein. Besonders wichtig sind sie im Zusammenhang mit Leitbild-Prozessen und Perspektivplanungen.
Als Termin bieten sich Abende in der Woche oder die Stunde sonntags nach dem Gottesdienst an. Freilich sollte bewusst sein, dass es vielen nicht leicht fällt, sonntags um 11 Uhr ins Gemeindehaus zu kommen, wenn man vorher *nicht* im Got-

tesdienst war. Und alle, die mit Nicht-Anwesenden gemeinsam Mittag essen wollen, geraten nach einer gewissen Zeit unter Druck.
Schon die Einladung will gut überlegt sein. Ein Artikel im Gemeindebrief und einer in der örtlichen Presse sind wichtig – sie können aber durch eine gut gestaltete, appetitanregende schriftliche Einladung noch unterstützt werden – und diese sollte unbedingt *auch* persönlich weitergegeben werden.
Die Gestaltung sollte gastfreundlich sein: der Gemeindesaal sollte aufgeräumt, vorbereitet, geschmückt sein; der Tageszeit angemessene Getränke sollten bereit stehen, eventuell eine Kleinigkeit zu essen. Tischgruppen regen zum Gespräch in kleinen Gruppen an und fördern Kontakte.
Eine Gemeindeversammlung ermöglicht auch Menschen, die (zur Zeit) keinen festen Platz in der «Kerngemeinde» haben, Interesse zu zeigen und Kontakt zu suchen. Sie hat keine hohe Verbindlichkeit, lädt aber doch zur Auseinandersetzung mit Themen und Projekten ein, die die Gemeinde beschäftigen, und sie sucht darüber das öffentliche Gespräch.

Mitarbeiter-Abende – ein Vorschlag für die Praxis

Paul-Ulrich Lenz

In vielen Gemeinden gibt es regelmäßige Mitarbeiter-Treffen, die Arbeitstreffen sind. Wichtige Absprachen, Planungen finden hier statt. Im Mittelpunkt dieser Treffen steht die Arbeit. Eine andere Form von Mitarbeiter-Treffen sind Mitarbeiterabende, bei denen nicht die Arbeit, sondern die Mitarbeitenden im Mittelpunkt stehen. Es soll nicht um die Arbeit gehen, sondern um die, die in der Gemeinde mitarbeiten – ehrenamtlich, nebenberuflich, hauptamtlich. Manche haben gleich mehrere Aufgaben in der Gemeinde übernommen und manche sind dabei stark gefordert.

Kernpunkte dieser Mitarbeiter-Abende:

Sie vermitteln als wichtigste Botschaft überhaupt ***Wertschätzung***: Ihr seid für unsere Gemeinde wichtig und wertvoll. Eure Arbeit wird durch den Kirchenvorstand wahrgenommen und mit diesen Abenden auch «honoriert». Diese Wertschätzung wird schon durch die schriftliche Einladung zu den Abenden vermittelt, die jedes Mal neu überbracht wird. Es ist eine Einladung zu einem Fest und nicht zu einem Termin.
Die Mitarbeitenden sollen eine ***Gemeinschaftserfahrung*** machen. Viele müssen ihre Aufgabe für die Gemeinde allein erledigen – sie sind nicht immer als Team im Einsatz. Umso wichtiger ist zu sehen: Ich bin dennoch Teil einer größeren Gemeinschaft. Und so wie ich engagieren sich noch viele andere in unserer Gemeinde. Das vermittelt die Einsicht, dass

Mitarbeit in der Gemeinde eine ***Weggenossenschaft*** ist. Man kann sich gegenseitig Anteil an den Erfahrungen geben – auch einmal davon erzählen, wie es einem mit den Aufgaben geht, die man übernommen hat, wo der Schuh drückt oder wo es schöne Begegnungen gegeben hat.
Die Mitarbeiterabende sind ein Schritt über ein Denken hinaus, das Gemeinde immer nur unter dem Aspekt der Aufgabe und der Arbeit sieht – es ist doch ein bisschen verräterisch, dass in unseren Gemeinden so viel «gearbeitet» wird (Frauen*arbeit*, Jugend*arbeit*, Kinder*arbeit* – ist doch verboten! –, Chor*arbeit*, Alten*arbeit* usw.) Das Motto der Mitarbeiterabende könnte auch sein: Statt ***«Arbeit» – geteiltes «Leben».*** Darum ist die Atmosphäre der Mitarbeiterabende auch nicht geprägt durch Sachlichkeit, Terminklärung – das hat hier keinen Platz –, sondern durch ***Festlichkeit.***
Daraus ergeben sich wie von selbst die **Elemente** dieser Mitarbeiterabende:
Gemeinschaft wird erfahren im **Singen und Erzählen** – dabei können die unterschiedlichen Talente und Begabungen der Gemeinde zum Zug kommen – ob Chor oder Band, ob Sologitarrist oder Flötengruppe, ob Theatergruppe oder einzelne Pantomimin. Es gibt Impulse zur eigenen Persönlichkeitsentwicklung als Christin und Christ – durch Gesprächsanregungen, Texte, Bild-Betrachtung, durch einen **thematischen Beitrag**. Dazu mag durchaus ein Referent eingeladen werden.
Schwerpunkt dieser thematischen Anteile aber ist nicht wissensmäßiger Zuwachs, sondern Vertiefung von gewonnenen Einsichten, die die eigene Existenz berühren. Natürlich kann es auch gut sein, hier einmal in der großen Runde der Mitarbeitenden aus den verschiedenen Gemeindegruppen erzählen zu lassen – um so den anderen Einblick in Aufgaben zu geben, von denen sie sonst nicht allzu viel wissen. Viel Zeit brauchen die Mitarbeiterabende für das **gemeinsame Essen,** schließlich hält Essen und Trinken Leib und Seele zusammen.

Eine festliche Tafel führt Menschen zusammen, ermöglicht Tischgespräche, macht Lust auf Begegnungen. Beim Anstehen zum Buffet finden sich Leute zusammen, die sonst nicht einmal auf der Kirchenbank zueinander rücken würden. Schließlich gehört zu diesen Abenden eine **liturgische Gestalt** – ein Abendgebet in einer schlichten Form, das die vielen verschiedenen Leute miteinander teilen können.
Es gibt **vor den Mitarbeiterabenden** viel zu tun – Einladungen werden geschrieben und an die Frau und den Mann gebracht, der Raum wird dekoriert, die Gruppe wird gesucht, die diesmal für das Essen verantwortlich zeichnet, die musikalische Gestaltung wird geklärt. Der thematische Impuls muss abgesprochen werden und eventuell ein/e Referent/in dafür gewonnen werden. Zu klären ist, wer die Leitung des Abends hat und wer für die liturgische Gestalt verantwortlich zeichnet. Kein Ein-Mann-Unternehmen, auch kein Eine-Frau-Unternehmen, sondern Teamgestaltung ist angesagt. Da bei zwei bis vier Mitarbeiterabenden pro Jahr jede und jeder nur alle paar Jahre einmal in diesem Team mittut, ist es mehr Lust als zusätzliche Arbeit.
Es gibt auch **am Mitarbeiterabend** selbst genug zu tun: Ein **Begrüßungsteam** heißt die Ankommenden willkommen – jede und jeder Einzelne wird bemerkt. Es gibt eine **Abendleitung**, die den Zeitplan im Auge hält und durch das «Programm» führt. Für Singen und Musizieren haben sich Menschen finden lassen und geben Gelegenheit zum Hören und auch zum Mitsingen. Die **Essensgruppe** hat reichlich vorgesorgt. (Natürlich kann Essen auch durch eine Catering-Agentur geliefert werden – das ist heute auch «auf dem Land» möglich.) Jemand ist für die liturgische Gestaltung verantwortlich. Die Abendleitung wird zum Abschluss den Dank an alle aussprechen, die diesen Abend zu einem gelungen Fest haben werden lassen. Nach dem Abend finden sich mit Sicherheit Menschen, die gerne aufräumen helfen.

Ein möglicher Ablauf:

19.30 Begrüßung der ankommenden Mitarbeiter/innen durch ein Begrüßungsteam mit einem Begrüßungsgetränk und Stehempfang

19.45 Offizielles Willkommen an alle durch die Leitung des Abends

Tafelmusik (Chor, Band, Orchester, Flötengruppe etc.)

20.00 Thematischer Impuls – Gesprächsphase

20.30 Essen und Tischgespräche

21.30 Tafelmusik (s. o.)

21.45 Liturgisches Abendgebet

22.00 Abschluss

Es ist selbstverständlich und doch wohl nötig, ausdrücklich zu sagen: Die Kosten für diese Abende übernimmt die Kirchengemeinde – die Mitarbeitenden sind Gäste und werden auch nicht in Form einer Kollekte an den Kosten beteiligt.

Keiner kann allein – Begleitung von ehrenamtlich Mitarbeitenden

Hermann Birschel

Eine Frau erzählt in einer Gruppe, dass ihr neuer Gemeindepfarrer ihr zum Geburtstag geschrieben hat. Der Brief enthält nicht nur gute Wünsche. Da steht auch eine Anfrage; sie gipfelt in dem Satz: «Müssen Sie wirklich überall dabei sein?» Sie spürt, dass dies nicht als Vorwurf gemeint ist. Es ist auch nicht die Angst des neuen Platzhirsches, der erst einmal alle zurückdrängen muss, die vor ihm da waren.
Nein, so wie sie den neuen Pfarrer bisher erlebt hat und wie dieser Brief geschrieben ist, kann sie seine Anfrage hören. Natürlich, sagt sie, habe ich zuerst Abwehr in mir gespürt. Aber sehr schnell wusste ich auch: Er hat Recht. Ich halte es nicht aus, wenn sich niemand für eine Aufgabe meldet. Bevor jemand anders Fehler macht, bringe ich lieber mich mit meiner Erfahrung ein.
Wenig später kommt es zu einem intensiven persönlichen Gespräch. Sie versteht, wie sie auf ihr Gegenüber gewirkt hat. Sie sprechen darüber, wie sie in die Gemeindearbeit ‹hineingerutscht› ist, über ihre Motive und über ihre Erfahrungen. Zuhause beginnt sie, ihr Engagement in der Gemeinde zu überdenken. Sie will sich auf weniges konzentrieren und das lieber mit ganzem Herzen machen. Besser als bisher möchte sie es lernen, auf ihre Gefühle zu achten und auch einmal «Nein» zu sagen.

Auch wenn Gebet oder Bibel in dieser Begegnung gar nicht vorkommen – dies war ein seelsorgliches Gespräch. Der neue Gemeindepfarrer hat in dieser Frau nicht nur eine nützliche Mitarbeiterin gesehen, der man so lange Arbeit aufladen kann, wie das scheinbar gut geht. Er hat nicht nur gesehen, was diese Frau *tut*, wie sie sich einsetzt und einsetzen lässt; er hat auch gesehen, wie sie überfordert wird und sich überfordert, wie sie in Gefahr ist, ihre Grenzen zu überschreiten.

Seelsorglich ist ein Gespräch, wenn es einen anderen Menschen ganzheitlich wahrnimmt – mit seinen Freuden und Sorgen, mit den Beziehungen, in denen er lebt, mit seinen Gefühlen, mit seinen Gaben und Grenzen, mit seinem Willen, mit seinem Glauben und mit seinen Zweifeln. Seelsorge hat das Ziel zu helfen, dass der/die andere erfüllt, fröhlich und zufrieden leben kann. Dazu ist die im engeren Sinn geistliche Dimension unentbehrlich – aber nicht als ein bestimmter, ausgrenzbarer Bereich, sondern als etwas, was das ganze Leben umgreift, bestimmt und verändert.

Manchmal ist eine Gefahr der Gemeindearbeit, dass der Alltag regiert. Da muss vorbereitet, delegiert, geplant und organisiert werden. Wir wollen ja etwas *für andere* machen. Dabei strahlen wir, die wir es vorbereiten, eher das Bild einer Arbeitskolonne aus, die sich übernommen hat, als dass wir aufmerksame, zugewandte, fröhliche Mitmenschen wären. Schon der Begriff ‹Mitarbeiter/in› kann uns zum Nachdenken bringen, weil er einen Mitchristen zuerst unter dem Gesichtspunkt seiner Arbeit, seiner Leistung in den Blick nimmt. Ist ein Mitarbeiter, eine Mitarbeiterin zuerst ein Mensch, der ‹etwas arbeitet›? Auch wer in seiner Gemeinde mitarbeitet, ist *zuerst* Mitchrist, Schwester oder Bruder.

Von Jesus heißt es: «Als er das Volk sah, jammerte es ihn; denn sie waren verschmachtet und zerstreut wie die Schafe, die keinen Hirten haben» (Matthäus 9,36). Jesus nimmt Menschen wahr, er sieht nicht nur die Oberfläche ihres Lebens, er sieht, wer und wie wir in Wahrheit sind, er sieht unsere Unsicherheit, unsere Ziellosigkeit, unsere Einsamkeit, unsere Sehnsucht. Darum setzt er auch nicht nur vordergründig an,

sondern sucht, wie er uns bis in die Tiefe hinein verstehen und heilen kann.
Beim Nachdenken über die Begleitung von Mitarbeiterinnen und Mitarbeitern frage ich deshalb zuerst nach der geschwisterlichen Atmosphäre in einer Gemeinde. Auch das eingangs angeführte Beispiel ist da zu eng – es kann ja der Eindruck entstehen, als sei die seelsorgliche Begleitung ausschließlich Aufgabe des Pfarrers oder der Pfarrerin. Ein solches Missverständnis setzt jedoch nicht nur einen begabten Stelleninhaber, sondern auch eine kleine, überschaubare Mitarbeiterschaft voraus. Sehen wir all die vielen, die haupt- und nebenberuflich, in Gemeindegruppen, bei der Verteilung des Gemeindebriefes, im Kindergartenausschuss, beim Gemeindefest ... in einer Gemeinde mitarbeiten, erkennen wir, dass Pfarrer oder Pfarrerin allein dies nicht leisten können. Hier ist auch der Kirchenvorstand gefordert.

Mitwirkung des Kirchenvorstands

Der Kirchenvorstand kann dieser Aufgabe leichter gerecht werden, wenn er seinen Mitgliedern einzelne Bereiche des Gemeindelebens zuordnet – z. B. den Kindergarten, die Jugendarbeit, die Kirchenmusik, die Hauskreise. Diese Kirchenvorsteher/innen suchen den Kontakt zu den Gruppen und den Mitarbeitenden, sie werden in die entsprechenden Ausschüsse berufen, und sie bringen ihre Erfahrung und ihr Wissen in die Sitzungen ein. Sie begleiten «ihre» Bereiche und Mitarbeitenden auch im Gebet.

Mitarbeitende suchen und finden

Fehlende Mitarbeiterinnen und Mitarbeiter sind oft ein Thema. Nicht selten sind es mehrere Gruppen in einer Gemein-

de, die darüber klagen. Dabei lässt sich aus der eigenen Erfahrung leicht nachvollziehen, dass es z. B. Hausbesitzer kräftemäßig und finanziell überfordern würde, mehrere Zimmer ihrer Wohnung oder ihres Hauses gleichzeitig zu renovieren. Diese Erfahrung lässt sich übertragen. Auch in einer Kirchengemeinde ist es meist besser, jeweils nur einen Bereich auf einmal zu «renovieren» – in Frage zu stellen, neu zu durchdenken und neu zu gestalten – z. B. den Gottesdienst, den Konfirmandenunterricht *oder* die Frauenarbeit. Anderes muss erst einmal liegen bleiben. Auch neue (!) Mitarbeitende suchen wir gezielt nur für den Bereich, der jetzt dran ist.
Die Mitarbeiterin in dem oben erwähnten Beispiel sagte von sich selbst, sie sei in ihre Mitarbeit einfach ‹reingerutscht›. Vielleicht hatte sie bei irgendeiner Gelegenheit den kleinen Finger gegeben und gar nicht recht gemerkt, wie ‹es› immer mehr wurde. Es gehört zu einer Anfrage zur Mitarbeit, die damit verbundene Belastung so wie den möglichen Gewinn anzusprechen. Wer jemand gewinnen will, muss ihm/ihr auch die Chance geben, Nein zu sagen!
Schon die Anfrage zur Mitarbeit sollte nicht aus der Not geboren werden, dass ich ganz schnell jemand brauche – vielleicht weil ich selbst es versäumt habe, früher darüber nachzudenken. In diesem Fall sollte ich vielleicht die neue Aufgabe lieber zurückstellen. Sie verdient es, sorgfältig vorbereitet zu werden!
Vielleicht findet sich ein kleiner Kreis, der sich die Zeit nimmt zu überlegen, wer in der Gemeinde für eine Mitarbeit angefragt werden kann. Übrigens ist auch die Zugehörigkeit zu diesem Kreis eine wichtige Form der Mitarbeit – hier werden Menschen gebraucht, die Erfahrung und Überblick haben.
Eine solche Projektgruppe sucht ehrenamtlich Mitarbeitende. Sie überlegt zuerst, was sie von Mitarbeitenden in einem bestimmten Bereich erwartet (Profil). So entsteht ein inneres Bild, das später hilft, konkrete Namen zu überlegen. Um hier dann möglichst phantasievoll zu sein und nicht immer nur

dieselben Personen zu fragen, wird einiges auf den Tisch gelegt: Gemeindebriefe der letzten Jahre, das Fotoarchiv der Gemeinde, Protokolle der letzten Kirchenwahl und des Wahlausschusses, die Kirchenbücher (Konfirmation, Beerdigung), ein Ortsplan und ein Telefonbuch. Jeder nimmt etwas in die Hand und sucht. Bei Kirchenbüchern und Wahlprotokollen wird auf Vertraulichkeit geachtet.
Namen werden aufgeschrieben, und später wird gemeinsam überlegt, wer nun wen tatsächlich persönlich fragt. Die Ergebnisse dieser Besuche werden einige Wochen später zusammengetragen und ausgewertet.

Begrenzung

Ein ganz wichtiger Punkt! Es gibt Mitarbeiterinnen und Mitarbeiter, die machen immer weiter, weil ihnen signalisiert wird, dass es ohne sie nicht geht. Das wird ihnen nicht gerecht, und es schreckt andere ab. Meine Freiheit, Ja zu sagen, ist um vieles größer, wenn ich weiß, ich werde für einen bestimmten Zeitraum, für ein bestimmtes Projekt gefragt. So wie ich anfange, darf ich mit gutem Gewissen auch wieder aufhören.
In einer Besuchsdienst-Gruppe haben wir Menschen gebeten, zwei Jahre lang mitzuarbeiten. Das war genügend Zeit, um hineinzuwachsen und eine Aufgabe zu übernehmen; und es war zugleich überschaubar. Nach zwei Jahren haben wir gefragt, und fast alle machten weiter mit. Aber sie haben gespürt, dass sie nicht einfach für alle Zeit verpflichtet waren. Schon das tat gut.

Einführung

Ein klarer Anfang will gestaltet sein, sei es im kleinen Kreis, sei es in der Dienstgruppe, sei es im Gottesdienst der Ge-

meinde. So wird Mitarbeit gewürdigt und bekannt gemacht. So kann in der Gemeinde auch Verbundenheit wachsen. Hier ist es gut, Regeln zu finden, die dann auch durchgehalten werden. Sie müssen nicht für alle Bereiche gleich, aber sie sollten nachvollziehbar sein.
Zu einer Einführung gehören jedenfalls: Vorstellung des/der Einzuführenden, Bibelwort und kurze Auslegung, Fürbitte und Segnung.

Fürbitte

Alle Gemeindeglieder sind eingeladen, für die Gemeinde und die Mitarbeitenden zu beten. Auch im Kirchenvorstand sollte dieses Gebet seinen Raum haben. Dabei können jeweils die Gruppen und Bereiche der Gemeinde in den Blick genommen werden, die auch in der Sitzung vorgekommen sind.
Im Gottesdienst kann *konkret* für Kirche und Gemeinde gebetet werden – Gruppen und Mitarbeitende einzelner Bereiche können hier regelmäßig vor Gott gebracht werden.

Geschwisterlichkeit

Mitarbeiterinnen und Mitarbeiter brauchen Orte, wo sie in einer kleinen, überschaubaren Gruppe wahrgenommen werden. Das mag ein Hauskreis sein. Es mag aber auch die Dienstgruppe sein, in der eben nicht nur vorbereitet und organisiert wird. Hier wird Gemeinde nicht nur ‹gearbeitet›, sondern *gelebt*. Die Leitung der Gruppe hat die Einzelnen im Blick, fragt nach dem Ergehen, betet für sie. In einer geschwisterlichen Atmosphäre wächst Verantwortung füreinander.
Auch der Kirchenvorstand kann solch eine geschwisterliche Gruppe sein. Er wird seine Aufgabe, die Gemeinde geistlich

zu leiten, nur angemessen wahrnehmen können, wenn Gemeinde in ihm nicht nur organisiert und strukturiert, sondern auch gelebt wird. Dafür können phantasievoll gestaltete Andachten, das Gespräch über Abschnitte aus Büchern zum Gemeindeaufbau oder gelegentliche Sitzungen *ohne* ‹Tagesordnung› eine Hilfe sein. Eine besondere Gelegenheit bietet ein Wochenende, bei dem neben der ‹Arbeit› gemeinsame Mahlzeiten, ein Spaziergang und ein gemeinsam gestalteter Gottesdienst auf dem Programm stehen.

Fortbildung

Zu den Voraussetzungen verantwortlicher Mitarbeit gehört das Angebot qualifizierter Fortbildung. Kirchenvorstand und Pfarramt kommt die Aufgabe zu, gute Angebote gezielt weiterzugeben. Aufgabe des Kirchenvorstands ist es, die nötigen Mittel für die Finanzierung zur Verfügung zu stellen. Auch dies ist eine Form der Würdigung ehrenamtlicher Arbeit.

Vielen Mitarbeitenden fällt die Teilnahme leichter, wenn die Fortbildung in der eigenen Gemeinde oder in der Region stattfindet. Gezielte Angebote können besprochen, gemeinsam geplant und vor Ort durchgeführt werden. Die landeskirchlichen Zentren und Einrichtungen beraten und helfen hier gern.

Beendigung

Es ist normal, dass jemand seine Mitarbeit auch wieder beendet. Es ist gut nachzufragen, um zu sehen, ob Enttäuschungen oder Verletzungen damit verbunden sind. Auch dies sollte nicht zwischen Tür und Angel geschehen. Dabei ist es wichtig, dass man nicht zur Weiterarbeit drängt. Wieder ist zu klären, in welchem Rahmen Dank und Verabschiedung geschehen können. Auch in unserem obigen Beispiel ist zu wünschen, dass auf das Zweiergespräch Mitarbeiterin/Pfarrer eine öffentliche Verabschiedung folgt, die der Mitarbeiterin und der Situation gerecht wird.

Wertschätzung

Auf diesem Hintergrund kann der Kirchenvorstand ein Konzept zur geistlichen Begleitung der Mitarbeitenden entwickeln. Er wird als erstes eine Bestandsaufnahme machen: Wer ist Mitarbeiter/in in unserer Gemeinde? Gibt es eine Mitarbeitendenliste? Wer pflegt sie? Werden die Menschen darauf nur angesprochen, wenn sie etwas tun sollen? Gibt es einen Weihnachtsbrief oder etwas ähnliches, der liebevoll geschrieben und gestaltet ist? Wer unterschreibt diesen? Hat das Gebet für die Mitarbeiterschaft in der Kirchenvorstandssitzung, im gemeindlichem Gottesdienst und in der persönlichen Fürbitte seinen Platz? Gibt es Formen der gottesdienstlichen Beauftragung und Verabschiedung, für wen und für wen nicht? (Vgl. dazu auch das Kapitel «Die Teile und das Ganze»!)

Haupt- und Ehrenamtliche

Ein besonderes Spannungsfeld ist auch das Verhältnis von haupt- und ehrenamtlich Mitarbeitenden. Selbst wenn wir voraussetzen, dass alle sich innerlich mit dem Auftrag der Gemeinde identifizieren, sind die Rahmenbedingungen doch unterschiedlich. Weite Teile des Gemeindelebens gehören zum Freizeitbereich der Gesellschaft. Die einen engagieren sich hier freiwillig über ihre Haus-, Familien- und Berufsarbeit hinaus, die anderen sind immer wieder damit beschäftigt, ihrem beruflichen Engagement zeitliche Grenzen zu setzen,

um Zeit für sich selbst, für die Familie und andere(s) zu haben.
So ist es für Ehrenamtliche manchmal nicht leicht zu verstehen, wenn Haupt- oder Nebenberufliche bei gemeinsamen Aufgaben auf einem «freien Abend» oder einem «freien Tag» bestehen – bringen sie doch selbst ihre Freizeit in die Gemeinde ein. Für ein gutes Miteinander braucht es hier Verständnis, aber auch Kompromissbereitschaft.
Nicht zuletzt ist auch der Kirchenvorstand selbst ja ein ehrenamtliches Gremium, das eng mit den Hauptamtlichen der Gemeinde zusammenarbeitet!

Kreis der Mitarbeitenden

Eine Hilfe kann auch der in der Kirchenordnung der EKHN vorgesehene ‹Kreis der Mitarbeitenden› sein. Vgl. dazu das Kapitel «Der Teil und das Ganze», S. 87ff!

Zusammenwirken mit dem Kirchenvorstand

Der Kirchenvorstand braucht Formen, wie er mit den Mitarbeitenden in den unterschiedlichen Bereichen des Gemeindelebens im Gespräch bleibt. Er kann diese Aufgabe an Ausschüsse delegieren.
Denkbar ist, dass die Vertretung einer Gruppe oder eines Bereiches (Kindergottesdienst, Besuchsdienst, Seniorenarbeit ...) zu einem festen Termin einmal im Jahr oder alle zwei Jahre eingeladen wird und aus der Arbeit berichtet. Es ist wichtig, dass diese Treffen nicht zuerst als Kontrolle erlebt werden, sondern dass die Mitarbeitenden spüren: Meine Mitarbeit wird wahrgenommen und gewürdigt, meine Erfahrungen sind wichtig, und ich werde auch gefragt, welche Unterstützung unser Bereich von der Gemeinde braucht.

Vertiefungsangebote

Ein weiterer Aspekt kann die Frage sein, welche Angebote zur Vertiefung des eigenen Glaubens es in der Gemeinde gibt. Hier bieten sich insbesondere Glaubenskurse und Bibelwochen an. So besteht die Möglichkeit, die Glaubens- und Gotteserfahrungen der Bibel für das eigene Leben aufzuschließen und persönlich im Glauben zu wachsen. Unser Glaube ist mit der Konfirmation nicht «fertig». Anders als in Gottesdiensten besteht hier die Möglichkeit, die eigenen Fragen, Hoffnungen, Zweifel und Sehnsüchte direkt ins Gespräch einzubringen. Dabei wächst auch die Bereitschaft, das Angebot von Seelsorge, Beichte und persönlicher Segnung wahrzunehmen.

Hilfreich ist der Kontakt einer Gemeinde zu einem Einkehrhaus, einem Haus der Stille oder einer Kommunität. In Distanz zum Alltag kann man sich selbst, den eigenen Tiefen und vor allem Gott neu begegnen und die geistliche Kraft des Glaubens für das eigene Leben in Anspruch nehmen. Auch das Gespräch mit Schwestern und Brüdern aus anderen Gemeinden ist eine wichtige Bereicherung. Die Erfahrung persönlicher Seelsorge gehört dazu. Ein Kirchenvorstand kann ein solches Haus selbst kennen lernen und in der Gemeinde bekannt machen.

Der Kirchenvorstand und der Gottesdienst

Hermann Birschel

Kirchenvorstand und Gottesdienst

Der Gottesdienst ist die Mitte der Kirchengemeinde, er ist die Quelle, aus der Glauben und Gemeinde ihre Kraft empfangen. Darum ist es für den Kirchenvorstand wichtig, sich intensiv mit ihm vertraut zu machen.
So kann er der Gefahr entgehen, jeweils kurzatmig auf Probleme oder Anfragen zu reagieren, die ihm im Tagesgeschäft begegnen. Und es sind ja in der Tat viele grundsätzliche und praktische Fragen, die sich hier stellen:

- An welchem Tag, um welche Uhrzeit wollen wir Gottesdienst feiern?
- Was ist die Ordnung, nach der wir in der Regel unsere Gottesdienste feiern?
- Welche Bedeutung haben einzelne liturgische Stücke?
- In welchem Rhythmus soll es Taufsonntage geben?
- An welchen Sonntagen feiern wir das Abendmahl?
- Wen sprechen unsere Gottesdienste an, wen nicht?
- Wie können wir Konfirmandinnen und Konfirmanden besser einbeziehen?
- Soll es besondere Gottesdienste für «Zielgruppen» geben?
- ...

Sachkunde und Vision

Um mit diesen und anderen Fragen gut umgehen zu können, braucht der Kirchenvorstand zweierlei: Sachkunde und eine Vision.
Diese Sachkunde kann er sich zum Beispiel verschaffen, indem er sich über mehrere Sitzungen hinweg mit der Entwicklung des Gottesdienstes und mit Fragen der liturgischen Gestaltung beschäftigt. Auch bei einem Kirchenvorstands-Wochenende kann die Feier des Gottesdienstes Thema sein; hier besteht auch die Möglichkeit, eine Referentin oder einen Referenten einzuladen.
Ein erstes Ergebnis könnte die Einrichtung eines Gottesdienstausschusses sein, dem neben Kirchenvorstandsmitgliedern auch andere Gemeindeglieder angehören. Wenn Kirchenmusiker/in und Küster/in ihm nicht angehören, sollten sie regelmäßig eingeladen werden. Der Ausschuss kann sich ausführlicher mit dem Gottesdienst beschäftigen, als das in Kirchenvorstandssitzungen auf Dauer möglich ist. Er verfolgt auch in der Region aufmerksam die «liturgische Landschaft» – auch in katholischen oder freikirchlichen Gemeinden. Er nimmt an neu entwickelten Gottesdienstformen teil und diskutiert sie: Was wird hier «anders» gemacht? Welche Menschen, welche Zielgruppen werden angesprochen? Wer beteiligt sich an der Vorbereitung und Durchführung? Welche Impulse möchten wir aufnehmen?
Dabei geht es nicht primär um neue Formen. Die überlieferten liturgischen Formen (Form I und II) bilden vielmehr eine tragfähige Grundlage und genügend «Spielräume». In diesem Rahmen kann sich das liturgische Leben der Gemeinde entfalten.
Gemeinsam mit anderen entwickelt der Kirchenvorstand so eine Vision für den Gottesdienst. Dabei wird er sich an dem Leitbild der Gemeinde orientieren (s. Kapitel «Gemeinde auf dem Weg – Leitbildarbeit und Gemeindeentwicklung» und

»Leitbildarbeit und Gemeindeentwicklung – Vorschlag für ein Kirchenvorstands-Wochenende«). Wenn das Ziel klar ist, macht es Sinn, sich auf den Weg zu machen. Dabei wird man heute besonders darauf achten, dass sich die Gewohnheiten und Erwartungen der regelmäßigen Gottesdienstteilnehmenden und der eher Distanzierten in den letzten Jahren weiter auseinander entwickelt haben.
Es ist ein ehrgeiziges Ziel, am Gottesdienst als Quelle und Mitte des Gemeindelebens festzuhalten – und es wird vermutlich an vielen Orten nur gelingen, wenn das Angebot differenziert wird, wenn Gottesdienste in unterschiedlichen Formen und mit unterschiedlichen Zielgruppen gefeiert werden – und wenn dies so eindeutig dargestellt wird, dass Menschen auf sie zugeschnittene Angebote auch leicht finden und wahrnehmen können.
In den vergangenen Jahren war viel von den «Kirchendistanzierten» die Rede. Sehen wir einmal davon ab, dass dieser Begriff durchaus schwierig ist (wer hat sich hier von wem distanziert?), dann ist doch jedenfalls deutlich geworden: Die Art und Weise, wie wir Gottesdienst feiern, entspricht in vielem *nicht* dem Freizeitverhalten heutiger Menschen:

- Die Uhrzeit ist ungewöhnlich – sonntags morgens schläft man aus, frühstückt man lange, bleiben Familien gern unter sich, bereiten Menschen in einer mobilen Gesellschaft gern Ausflüge vor.
- Die musikalische Gestaltung ist weit entfernt von dem, was an Arbeitsplätzen, in Küchen und über das Autoradio gehört wird; und auch was Konzerte angeht, wird E-Musik eher von einer Minderheit besucht – die Mehrheit der Bevölkerung hört freiwillig nie Orgel – und die «mittlere Generation» ist groß geworden mit den Beatles und den Rolling Stones.
- Die kommunikative Situation kennt kaum eine Entsprechung: man sitzt in Bänken, es wird kaum gesprochen, es gibt kein Büffet, kein Begrüßungsgetränk, keine Schnitt-

chen, die Mikrofone sind schlecht oder schlecht eingestellt ...

Das ändert nichts daran, dass eine Vielzahl derer, die selten oder fast nie einen Gottesdienst besuchen, großen Wert darauf legen, dass er sich nicht verändert. Wenn sie ihn nach Jahren doch leicht wiedererkennen, gibt ihnen das ein Gefühl von Geborgenheit – wenigstens hier ist alles beim Alten geblieben! Der Gottesdienst soll bitte so bleiben, wie er immer war – aber er spricht sie nicht an, und sie lassen ihn ohne besonderen Anlass links liegen.

Wenn der Kirchenvorstand seine Vision vom Gottesdienst entwickelt, dann wird er gut daran tun, auch Menschen einzubeziehen, die «Kirche» eher aus der Distanz wahrnehmen. Viele sind dazu bereit und haben ein Interesse daran, dass ihre Gemeinde sich öffnet und weiterentwickelt. Sie lassen sich gern daran beteiligen. Wichtig ist, dass sie spüren, dass ihre Fragen und Vorschläge nicht ins Leere laufen, sondern aufgenommen werden. Die Willow-Creek-Bewegung lebt entscheidend davon, dass sie Menschen gefragt hat: «Welchen Gottesdienst wollt ihr?» – und dass sie auf dem Hintergrund der Antworten ihre Gottesdienste gestaltet hat.

Es ist wichtig, dass der Kirchenvorstand auf dem Hintergrund seiner Vision auch eine Konzeption für die Gestaltung des Raumes «Kirche» entwickelt. Es mag sein, dass es Jahre oder Jahrzehnte dauern wird, diese Vision umzusetzen. Es mag sein, dass die Kosten, die hier plötzlich zur Debatte stehen, den Rahmen des Vorgestellten sprengen. Aber wir müssen wissen, wohin die Reise geht, damit wir schon die ersten Schritte in die richtige Richtung lenken. Und nur, wenn wir eine Vision haben, können wir andere begeistern, sich mit uns für diese Vision einzusetzen.

Formen der Mitgestaltung

In manchen Gemeinden werden Gottesdienste nach wie vor von *einer* Person, meist einem Pfarrer/einer Pfarrerin *gehalten*. In anderen Gemeinden werden Mitwirkende lediglich über «learning by doing» am Gottesdienst beteiligt. Sie erhalten nie eine Einführung in die Liturgie, und auch das Bewegen und Sprechen in einer Kirche wird nie mit ihnen geübt: «Frau Mandel, könnten Sie am Sonntag die Begrüßung und die Lesung übernehmen? Ach, machen Sie mal, Sie können das schon!»

Es ist gut, wenn sich auch der Kirchenvorstand regelmäßig an der Gestaltung des Gottesdienstes beteiligt. Dazu eignen sich besonders die Begrüßung, die Schriftlesung und das Glaubensbekenntnis, das Fürbittgebet und die Abkündigungen, die Austeilung des Abendmahls und das Einsammeln der Kollekte. Keinesfalls sollte dies jedoch ohne gründliche Vorbereitung geschehen. Einen guten Platz kann dies am Anfang einer Wahlperiode haben – denn jetzt ist die Situation für mehrere gleichzeitig neu und eignet sich für einen Neuansatz.

- Die Begrüßung: Welche Elemente können zu ihr gehören? Wer wird besonders angesprochen (Mitwirkende, Trauer- und Tauffamilien...)? Wie kann bereits hier ein erster, weiterführender geistlicher Impuls gesetzt werden (Wochenspruch, Tageslosung)?
- Die Schriftlesung: Welche Arten von Lesungen gibt es (Altes Testament, Epistel, Evangelium)? Wie werden sie eingeleitet, wie beendet? Welche Bibelübersetzung findet Verwendung? Was ist ein Lektionar? Warum ist in ihm der Textanfang oft etwas anders gestaltet als in meiner Bibel zuhause?
- Das Fürbittgebet: Welche Formen gibt es? Wie kann man es aufteilen? Welche Gebetsrufe sind möglich, mit denen die Gemeinde einstimmen kann? Wo finde ich Vorlagen, an denen ich mich orientieren kann?

- Die Abkündigungen: Was kann alles dazu gehören? Was hat seinen Platz eher im Schaukasten, im Wochenplan? Wie kann ich frei reden und die Gemeinde anschauen, ohne ausschweifend zu werden?
- Liturgisches Verhalten: Wie bereite ich mich vor? Wo sitze ich? Was tue ich wo? Wie und wann bewege ich mich? Wie gehe ich mit der Mikrofonanlage um? Ist meine Stimme verständlich? Wie kann ich meine Aussprache verbessern?
- Die Austeilung des Abendmahls: Wie reiche ich Brot und Wein? Welche Worte spreche ich zu? Wie bewege ich mich?
- Die Kollekte: Wo stehe ich? Schaue ich die Menschen an, die an mir vorbeigehen?

Indem wir uns gut für den Gottesdienst vorbereiten, nehmen wir ihn als Gestaltungsaufgabe ernst. Wir tragen das Unsere dazu bei, dass Gottes Geist wirken kann. Auch die beste Vorbereitung kann ihn nicht herbeizwingen – sie kann aber einen Raum schaffen, in dem wir als Einzelne und als Gemeinde ihm begegnen.

Ausdruck dafür ist auch das Sakristeigebet, an dem möglichst alle, die an der Gottesdienstgestaltung beteiligt sind, teilnehmen. Die gemeinsame Bitte um Gottes Segen ist eine gute Grundlage für das gemeinsame Tun. Eine schriftliche Vorlage sollte vorhanden sein.

Nicht alle aus dem Kirchenvorstand werden bereit sein, im Gottesdienst mitzuwirken, nicht alle sehen hier ihre Gaben. Allen aber wird es gut tun, mehr über ihn zu wissen. Und es ist gut, wenn das gemeindeleitende Gremium auch den Gottesdienst sichtbar mitgestaltet.

Eine besondere Situation ist es, wenn Gäste von außerhalb – Pfarrer oder Pfarrerinnen, Lektorinnen oder Lektoren, Prädikantinnen oder Prädikanten – den Gottesdienst leiten oder predigen. Es sollte selbstverständlich sein, dass Gäste sich nicht selbst begrüßen oder vorstellen. Das ist Aufgabe der Gastgeber, vorzugsweise des Kirchenvorstands.

Kompetenz fördern!

Mit all dem beschreitet der Kirchenvorstand einen Weg, der über ihn selbst hinaus weist. Die Gaben, die im Gottesdienst gebraucht werden, sind der ganzen Gemeinde gegeben: «Wenn ihr zusammenkommt, so hat ein jeder einen Psalm, er hat eine Lehre, er hat eine Offenbarung, er hat eine Zungenrede, er hat eine Auslegung. Lasst es alles geschehen zur Erbauung!» (1.Korinther 14,26) Da geht es um mehr als Worte: Um Singen und Musizieren, um Bilder und Blumen, um Einladen und Begrüßen ...

Viele Gaben sind in der Gemeinde vorhanden und können eingebracht werden. Der Gottesdienst wird eben nicht, wie unsere Sprache verräterisch sagt, von einer Person *gehalten* – er wird von der Gemeinde *gefeiert*. Es ist eine wichtige Aufgabe des Kirchenvorstandes, die Gemeinde zu einer Mitgestaltung zu ermutigen, die über das Singen und Zuhören hinausgeht.

Ein wichtige Rolle kann hier der Gottesdienstausschuss spielen (s. o.). Er kann Gottesdienst-Seminare anregen und Menschen dazu persönlich einladen. So kann beispielsweise ein Kreis entstehen, der Fürbittgebete gestalten kann und das auch regelmäßig tut. Auch für das Abendmahl kann ein Helferkreis entstehen, der bei der Gestaltung und Austeilung hilft.

Anzustreben ist auch, dass es in der Gemeinde zwei oder drei Lektorinnen und Lektoren, Prädikantinnen und Prädikanten gibt. Die Ausbildung geschieht meist auf Dekanatsebene. Sie können regelmäßig selbst Gottesdienste übernehmen – aber auch mit der Pfarrerin oder dem Pfarrer gemeinsam gestalten. Sie haben eine andere Perspektive, weil sie nicht hauptberuflich in der Gemeinde arbeiten, und bringen ihre Familien-, Berufs- und Alltagserfahrungen ein.

Wenn der Kirchenvorstand so auf der einen Seite den Gottesdienst als Mitte und Grundlage des Gemeindelebens ernst nimmt und weiter Gemeindeglieder ermutigt und ihre liturgische Kompetenz fördert, wird sich der Gottesdienst der Gemeinde verändern.

Die Kirche – kein Museum!

Ein Bereich, in dem der Kirchenvorstand besonders gefordert ist, ist das *Gebäude* Kirche. Viele Baufragen beschäftigen den Kirchenvorstand über mehrere Sitzungen hinweg – von der Heizung über herunterfallenden Putz und zu streichende Türen bis hin zur großen Kirchenrenovierung.

Auch hier ist entscheidend, dass der Kirchenvorstand eine Vorstellung von den Gottesdiensten hat, die in dieser Kirche stattfinden sollen: Wie viel Platz wird im Altarraum gebraucht – für Chor und Bläserkreis, Abendmahl und Krippenspiel? Sollte deshalb ein Teil der Bänke beweglich sein oder durch Stühle ersetzt werden? Ist generell eine variable Bestuhlung der Kirche denkbar? Kann der Altar ein Stück in Richtung Gemeinde gerückt werden, damit Liturgen hinter ihm stehen können? Gibt es eine Möglichkeit, ihn beweglich zu machen? Welche Technik wird gebraucht? Wie viele tragbare Mikrofone sind nötig? Wo können sich Einzelne und Gruppen, die mit gestalten, vorher treffen und vorbereiten?

Gibt es ausreichend Toiletten in der Nähe der Kirche? Sind sie während des Gottesdienstes aufgeschlossen, ist der Weg beschildert und überschaubar?

Wie sieht die Sakristei aus? Ist deutlich, dass sie ein geistlicher Raum ist, der der Vorbereitung auf den Gottesdienst dient? Wie werden Paramente, Abendmahlsgerät, Kniebank ... aufbewahrt? Hat an anderer Stelle der Küster/die Küsterin genügend Platz für die nötigen Gerätschaften und Reinigungsmittel?

Bei all dem werden Sachkunde und Vision, die der Kirchenvorstand sich erarbeitet hat, eine grundlegende Rolle spielen.

Unsere Kirche ist schließlich kein Museum, das nur Vergangenheit darstellen und konservieren will!
Schließlich: Auch die Anstellung eines Küsters/einer Küsterin und eines Organisten/einer Organistin liegt in der Verantwortung des Kirchenvorstandes. Es ist gut, wenn er regelmäßig das Gespräch mit ihnen sucht. Erfahrungen und Vorstellungen können ausgetauscht und fruchtbar gemacht werden. Eventuell können besonders Beauftragte diese Aufgabe übernehmen.

Mehr als eine Formsache: Die Andacht im Kirchenvorstand

Wolfgang Freitag/Hermann Birschel

1. Vorüberlegungen:

Nach der Kirchengemeindeordnung der EKHN beginnt und endet jede Sitzung des Kirchenvorstandes mit Gebet. In vielen Gemeinden steht am Beginn eine Andacht. Sie verdient es, von den Verantwortlichen sorgfältig vorbereitet zu werden: Die Teilnehmenden kommen aus einem vollen Tag und bringen vieles mit, was sie beschäftigt und belastet. Es ist alles andere als eine leichte Aufgabe, hier einen Raum der inneren und äußeren Aufmerksamkeit zu gestalten. Aber was hier geschieht, wird sich auf das Gelingen und den Geist der folgenden Sitzung auswirken.

Die Andacht kann helfen, zu einer geschwisterlichen Gemeinschaft zu werden. Dazu hilft, wenn sich bei der Gestaltung möglichst viele Mitglieder des Kirchenvorstands einbringen. Dazu kann ein Jahresplan hilfreich sein, der es den Einzelnen ermöglicht, sich frühzeitig darauf einzustellen.

Nach Möglichkeit sollte eine Sitzordnung gewählt werden, bei der sich alle sehen. Ein Stuhlkreis bietet dazu die besten Voraussetzungen. Vielleicht ist es ja auch möglich, für die Andacht einen anderen Raum zu wählen als den Sitzungsraum. Es ist jedenfalls hilfreich, nicht schon bei der Andacht durch Tagesordnung, Tischvorlagen und Protokollbuch abgelenkt zu werden. Nur wenige Gemeinderäume laden zu Andacht und Stille ein, wenn sie nicht entsprechend vorbereitet sind. Eine gute Atmosphäre erhöht die Aufmerksamkeit.

Eine gestaltete Mitte unterstützt die Konzentration: z. B. ein

Kreuz, Tücher, ein Blumenstrauß, Kerzen, herbstliches Laub, ein Adventskranz, ein Bild. Das Licht sollte bewusst gewählt und zurückhaltend sein.
Es wird immer wieder einmal vorkommen, dass jemand zu spät kommt. Es sollte einmal abgesprochen werden, dass man sich dann leise auf einen Platz setzt und die anderen erst nach der Andacht begrüßt. (Handies werden ausgeschaltet – oder zumindest auf Vibration gestellt!)

Unterschiedliche Formen
Es gibt viele unterschiedliche Möglichkeiten, eine Andacht zu gestalten. Im Folgenden stellen wir einige davon vor.
Zu bedenken ist: Andachtsformen, die den Teilnehmenden die Möglichkeit geben, sich selbst einzubringen, brauchen ihre Zeit. Ein Zeitrahmen von 15 bis 30 Minuten erscheint dann notwendig und angemessen. So bietet sich die Chance, eigene Lebens- und Glaubenserfahrungen einzubringen.
Im «Evangelischen Gesangbuch» finden sich Anregungen für Andacht und Gottesdienst (in der Ausgabe für Hessen und Nassau ab Nr. 761); viele hier abgedruckte Gebete und Lieder können in einer Andacht im Kirchenvorstand Verwendung finden.

Möglicher Ablauf (einfache Form):

Begrüßung
Lied
Impuls (z. B. Tages-Losung, Wochenspruch, kurze Auslegung)
Lied
Gebet
Segenswort

Möglicher Ablauf (ausführlichere Form):

Begrüßung (1 Min.)
Ankommen, sich einstimmen (2 Min.)

Eine Zeit der Stille hilft dazu und kann mit leiser Musik untermalt werden.
Lied (3 Min.)
Impuls (3 Min.)
Verlesen eines Textes (Tages-Losung, Wochenspruch ...), Einbringen eines Gedankens, eines Liedes oder Bildes. Erläuterung des nächsten Schrittes.
eventuell Zeit zum Austausch (5-10 Min.)
Die Teilnehmer/innen haben die Möglichkeit, sich in die Andacht einzubringen.
Ein Gespräch oder Austausch wird immer fragmentarisch sein. In der Kürze der Zeit kann und muss nicht alles gesagt werden.
Gesprächspausen sind normal. Die Leitung achtet darauf, was für die Gruppe gut ist.
Zusammenfassung (3 Min.)
Möglich ist eine kurze Zusammenfassung der Beiträge (roter Faden) oder eine eigene kurze Interpretation.
Lied (3 Min.)
Abschluss (2 Min.)
Der oder die Verantwortliche schließt die Andacht mit Gebet und Segenswort ab. Auch gemeinsame Formen des Gebetes sind denkbar; auch Gebete aus dem Evangelischen Gesangbuch können gemeinsam gesprochen werden.
Gebet und Segen werden auch später die Sitzung beschließen und geben ihr einen geistlichen Rahmen.

Weitere Anregungen:

1. Andachten zu Bibelworten:
Die Tageslosung, Lehrtext, Wochen-, Monatsspruch, Jahreslosung, oder auch ein markanter Vers aus der Tageslese bieten sich an. Auch ein Bibelwort, das die Person, die die Andacht

vorbereitet, in einem Lebensabschnitt besonders angesprochen hat, ist möglich.

Vorschlag zur Gestaltung:

Lesen des Textes
Stilles Bedenken
Spontane Äußerungen, die undiskutiert stehen bleiben.
alternativ: Auf einem großen Plakat an der Wand wird der Text in die Mitte geschrieben. Rundum soll viel Platz für die Äußerungen der Teilnehmer/innen bleiben.
Die Teilnehmer/innen äußern sich schriftliche auf Zetteln, die zum Text geklebt werden.

2. Liedandachten:

Das Kirchenjahr ist eine gute Hilfe für die Liedauswahl.

Vorschlag zur Gestaltung:

Das Lied wird gemeinsam gesungen, eventuell in Teilen.
Eine kurze Information zum Liederdichter kann sich anschließen.
Impulsfragen:

Was löst dieses Lied bei Ihnen aus?
Welche Aussagen sprechen Sie besonders an?
Welche Aussagen finden Sie schwierig?
Welche eigenen Erfahrungen verbinden Sie mit dem Lied?

3. Andachten mit Gegenständen

Gegenstände wie Steine, Blumen, Blätter, ein Kreuz, eine Kerze, eine Taufschale, ein Abendmahlskelch, ein Krug, ein Brot, eine Uhr.

Vorschlag zur Gestaltung:

Stille Betrachtung des Gegenstandes.

Welche Gedanken gehen mir dabei durch den Kopf?
Woran werde ich erinnert?

Was hat das mit meinem Glauben zu tun?
Welche Hoffnung verbinde ich damit?
Das Berühren der Gegenstände, der Verzehr des Brotes, vertiefen die Erfahrungen.

4. Bildmeditationen

Es gibt eine Fülle von Dias bzw. Bildern, die an dieser Stelle zum Einsatz kommen können. Bilder aus der Alltagswelt (z. B. Türen, Wege) oder aus der Kunst sind möglich.
Wichtige Gesichtspunkte für die Auswahl eines Bildes sind:

- es sollte in mir selbst etwas auslösen;
- es sollte ohne große Erklärungen zugänglich sein;
- es sollte einen einfachen und schlüssigen Anstoß geben, über den eigenen Glauben nachzudenken.

Vorschlag zur Gestaltung:

Stilles Betrachten des Bildes, eventuell mit leiser Musik untermalt
Austausch:
1. Was sehen wir, was nehmen wir wahr? (noch keine Interpretation)
2. Was vermittelt uns das Bild? Was löst es in uns aus?

5. Aus dem Leben gegriffen

Die meisten Kirchenvorsteher/innen haben einen langen Tag hinter sich, wenn Sie zur Sitzung kommen. Vieles schwirrt ihnen noch durch den Kopf.
«Aus dem Leben gegriffen» ist der Versuch, daran anzuknüpfen.

Vorschlag zur Gestaltung:

Impuls: Wir wollen, jede/r für sich, diesen Tag noch einmal an uns vorüberziehen lassen:
Welchen Menschen bin ich heute begegnet?

Was ist mir an Gutem widerfahren, wofür kann ich danken?
Was war schwierig, was hat mich geärgert?
Wem konnte ich helfen, wem bin ich etwas schuldig geblieben?
Was macht mir Sorgen, was möchte ich Gott sagen, worum möchte ich ihn bitten?
Nach jeder Frage eine Zeit der Stille lassen, in der alle eigenen Gedanken nachgehen können. In manchen Gruppen kann sich ein kurzer Austausch anschließen. Voraussetzung dafür ist eine Atmosphäre des Vertrauens.

6. Thematische Andachten

Themen lassen sich im Kirchenjahr, dem Glaubensbekenntnis oder in aktuellen Anlässen finden.

Vorschlag zur Gestaltung:
Zwei Personen bereiten sich auf das Thema vor und sagen aus ihrer persönlichen Erfahrung etwas dazu (ca. 1-2 Min.). Ihre Aufgabe besteht darin, die anderen «auf die Spur» zu bringen. In Kleingruppen zu drei bis vier Personen tauscht man sich dann über eigene Erfahrungen mit dem Thema aus.

7. Liturgisches Abendgebet

Liturgische Andachten leben von der Übung und Wiederholung. Sie schaffen Atmosphäre und machen es leicht, sich hineinzufinden. Der Vorbereitungsaufwand ist gering. Sie finden sich im Evangelischen Gesangbuch unter dem Stichwort «Gottesdienst», in zahlreichen Liederbüchern und in den Veröffentlichungen von Kommunitäten.
Es ist leicht möglich, eine eigene Form des liturgischen Abendgebetes zu entwickeln, indem Sie Texte und Lieder zusammenstellen und für alle Teilnehmenden kopieren.

Vorschlag zur Gestaltung:

Eingangswort

Abendlied

Psalmgebet – im Wechsel gesprochen

Schriftlesung – während einer Zeit der Stille den Text wiederholen;
stattdessen ist auch eine Kurzauslegung denkbar.

Liedvers

Fürbittengebet – von einem/einer gesprochen, mit gemeinsam gesprochenem oder gesungenem Gebetsruf, im Wechsel gesprochen, oder als freie Gebete mehrerer.

Segenslied

Segen

Anregungen zur Gestaltung geben die landeskirchlichen Beratungsstellen, z. B.: Zentrum Verkündigung, Fachbereich «Gottesdienst, Kunst und Kultur», Eschersheimer Landstraße 565, 60431 Frankfurt, Tel. 069/5302246, Fax: 069/5302250, E-Mail: beratungsstelle.fuer.gestaltung@ekhn.de

Bei sich selber anfangen: Gespräche über den Glauben

Paul-Ulrich Lenz

Von einem Bischof stammt der Vorschlag, neu gewählte Kirchenvorstände sollten im ersten Jahr dem intensiven Gespräch über Grundaspekte des Glaubens die höchste Priorität in der gemeinsamen Arbeit einräumen. Gewinn haben davon nicht nur die Einzelnen, sondern die ganze Kirchengemeinde. Wörtlich heißt es: «Es könnte geschehen, dass wir darüber auch einander ganz neu sehen lernen. Überrascht entdecken wir am anderen eine Art des Glaubens, die wir bislang nicht bemerkt, ja nicht einmal vermutet haben. Wir nehmen wahr, wie viel Sehnsucht nach echtem Herzensglauben es unter uns gibt und wie leicht solche Sehnsucht zu wecken ist. Wir entdecken, dass es in solchem Erstaunen übereinander auch ganz neu möglich wird, sich auf die Gemeinsamkeit im Glauben ansprechen zu lassen.» (U. Wilckens)
Nun ist der Kirchenvorstand gewiss kein Gesprächskreis zu Glaubensfragen, sondern das Leitungsgremium der Gemeinde. Darum ist auf der Tagesordnung eines Kirchenvorstandes der Punkt «Gespräch über unseren Glauben» nur selten zu finden. Die organisatorischen und verwaltungstechnischen Aufgaben stehen eindeutig im Mittelpunkt der Sitzungen.
Und doch ist es notwendig, dass im Leitungsgremium einer Gemeinde nicht nur über Angebote an die Gemeinde beschlossen wird. Das Gespräch über den eigenen Glauben wird die Lust wecken, ähnliche Angebote auch in die Gemeinde zu tragen und es wird zugleich helfen zu entscheiden, welche inhaltlichen Angebote denn Priorität in der Arbeit der Gemeinde haben sollen.

Äußere und innere Bedingungen

1. Zeitrahmen

Für die Glaubensgespräche sollten 45 Minuten zu Beginn der Sitzung eingeplant werden. Wer miteinander ins Gespräch kommen will, braucht dafür Zeit. Dieser Zeitrahmen wird aber auch nicht überschritten.

2. Raum

Die Atmosphäre eines Raumes lädt zum Gespräch ein oder behindert es. Kleine Gesprächsgruppen sind vorteilhaft. Dazu werden Tische mit Tischdecke, Blumen, Kerze ansprechend vorbereitet. Getränke stehen bereit. Die Gruppen sollten auseinanderrücken können und dennoch möglichst in einem Raum zusammenbleiben.

3. Atmosphäre

Erfahrbare Wertschätzung auch bei gegensätzlicher Erfahrung und Einstellung ist die Grundlage aller Gespräche über den Glauben. Wer etwas von sich persönlich sagt, will wahr- und ernst genommen werden. Das bedeutet: Äußerungen werden nicht mit einem Richtig/Falsch-Schema kommentiert. Was jemand sagt, darf nicht – gleich und schnell – beurteilt, richtig gestellt oder mit scheinbar guten Ratschlägen bedacht werden.
Alle in der Tischrunde sollen zu Wort kommen können. Wer viel zu sagen hat, mag sich einmal zurücknehmen. Schweigsame Leute sollen ermutigt, aber nicht gedrängt werden, sich einzubringen.
Wenn das Gespräch auszuufern droht oder sich festbeißt, gilt es, zum Thema zurückzufinden. Die persönliche Erfahrung steht im Vordergrund, ohne dass sie damit alleiniges Kriterium wäre.

Inhalte

Für das Glaubensgespräch im Kirchenvorstand sind kurze Texte besser geeignet als lange Abhandlungen. Als Gesprächseinsteig kann auch eine/r aus dem Kreis des Kirchenvorstandes einen kurzen Impuls geben – eine eigene Erfahrung erzählen, eine Frage anreißen, eine Situation schildern, die zu einer eigenen Stellungnahme herausfordert.
In dem Paket «Texte & Inspirationen» (Aussaat-Verlag 2003) steht eine Schatzgrube an unterschiedlichsten, thematisch sortierten Kurztexten zur Verfügung, die für solche auf die Existenz ausgerichteten Gespräche eine Grundlage geben können.
Denkbar sind auch Gespräche, die Elementarstücke des christlichen Glaubens thematisieren:

Vater unser
Glaubensbekenntnis
Gebote
Abendmahl
Bibel
Gottesdienst

Vielleicht geht aber auch ein Kirchenvorstand den Weg, ein Buch, das eine Einführung in den christlichen Glauben bietet, einmal gemeinsam zu lesen und abschnittweise zu besprechen.
Wie auch immer man sich in der Einstiegsfrage entscheidet, ob für Kurz-Texte, ein Buch, einen Videoausschnitt oder ein persönliches Statement – jedes Mal wird es darum gehen, die Bedeutung für das eigene Leben zu erfassen und mit anderen zu teilen.

Ablauf

- Begrüßung
- Bildung von Kleingruppen mit maximal sechs Teilnehmern/innen

- Gesprächseinstieg / Impuls
  - ist ein Text oder Bild Grundlage, liegt eine Kopie für alle bereit
- Zeit zum persönlichen Nachdenken
- Gruppengespräch
- Lied, Gebet

Von der öffentlichen Kirche

Zur Öffentlichkeitsarbeit in Kirchengemeinden

Georg Pape

Einige Grund-Sätze ...

Kirche ist immer *öffentliche* Kirche. Das Evangelium will in die Welt hinein wirken, will Menschen erreichen, beeindrucken, ihr Leben und Zusammenleben im Geist der Liebe Gottes prägen. Daraus folgt:

1. Die Öffentlichkeitsarbeit einer Kirchengemeinde ist mehr als nur die Werbung für die Teilnahme an Gottesdiensten und Gemeindeveranstaltungen. Vielmehr ist sie ihrerseits Teilnahme an dem, was die Öffentlichkeit beschäftigt. Kirche ist öffentliche Kirche, indem sie mit ihrer Umwelt in Beziehung tritt («public relations»), mit ihr kommuniziert, im Kontakt ist, öffentliche Themen aufgreift, Stellung bezieht und sich mit ihrer Botschaft einmischt. Öffentlichkeitsarbeit geht von der Frage nach der Präsenz von Kirche und Gemeinden in ihrer Umwelt aus.
2. Damit setzt sie das deutliche Interesse an den Menschen voraus – auch an denen, die nicht zum engeren Kreis der «Kerngemeinde» gehören. Sie setzt die Absicht voraus, auf der Seite aller Menschen zu stehen und zu ihrem inneren wie äußeren Frieden beizutragen. Dieses Interesse beinhaltet aber auch die Bereitschaft zur Auseinandersetzung. Das Evangelium bestätigt Menschen und ihre Verhältnisse nicht nur; es ist immer auch Anfrage, führt zu Kontroverse und Ärgernis. Auch im Streit allerdings lebt Kirche aus der Kraft des Evangeliums, das ein Evangelium *für* und *nicht gegen* die Welt ist!

3. Die Öffentlichkeitsarbeit einer Kirchengemeinde ist nicht nur Beiwerk, auf das auch verzichtet werden könnte. In allen Bereichen der Gemeindearbeit, bis hin zum Umgang mit Personal oder Haushalt und Finanzen, ist das Bewusstsein der Kirche als öffentlicher Kirche zu pflegen. Alles wirkt öffentlich und soll öffentlich wirken.
4. Die Öffentlichkeitsarbeit der Kirche bedient sich der auch sonst in der Gesellschaft verbreiteten Kommunikationsmedien. Je vielfältiger sich die Medienlandschaft gestaltet, umso stärker muss kirchliche Öffentlichkeitsarbeit auf Sorgfalt und Qualität bedacht sein. Gute Konzepte brauchen nicht nur guten Willen, sondern auch Kompetenz. Medienkompetente Menschen sind in jeder Gemeinde anzutreffen.
5. Das wichtigste Kommunikations-«Medium» bleiben jedoch die Menschen in Kirche und Gemeinden. Sie sind zugleich «Ohr und Sprachrohr der Gemeinde». Gemeindearbeit ist deshalb immer auch Arbeit an diesem Bewusstsein, ist Lernen von Hören und Sehen, Reden und Handeln. Der Öffentlichkeitsausschuss, der sehr bald nach Amtsbeginn vom Kirchenvorstand eingerichtet werden sollte, versteht sich vor diesem Hintergrund nicht nur als «Werbeabteilung». Vielmehr übernimmt er seinen Teil der Verantwortung für die Entwicklung des Bewusstseins von Kirche als öffentlicher Kirche in der gesamten Gemeinde.

... und was daraus folgen kann

I. Die innere Öffentlichkeit

Die Bemühungen um Kommunikation mit der Umwelt sind weder glaubwürdig noch erfolgreich, wenn nicht auch innerhalb der Gemeinde eine Kommunikationskultur ausgeprägt

ist und an Vernetzung gearbeitet wird. Deshalb wird dem Kirchenvorstand daran gelegen sein, die verschiedenen Gruppen und Arbeitsbereiche der Gemeinde miteinander in Kontakt zu bringen, ein gegenseitiges Kennen- und Verstehen-Lernen der jeweiligen Anliegen und Interessen zu fördern und sinnvolle Kooperationen über Gruppengrenzen hinaus anzuregen.
Dazu zwei Projektideen:

Projekt 1:
Gemeindegruppen besuchen einander und stellen sich gegenseitig vor

Beispiele:
- Der Kirchenchor besucht die Kindertagesstätte
- Der Bibelkreis besucht den Jugendkeller
- Die Eine-Welt-Gruppe besucht Konfirmandinnen und Konfirmanden
- Der Kindergottesdienst besucht den Seniorenkreis
- usw. ...

Bei diesen Besuchen geht es nicht darum, sich selbst den anderen vorzustellen, sondern die Menschen der anderen Gruppe kennen zu lernen und möglichst viel von ihnen zu erfahren: Was tun sie, warum und wie? Dies kann geschehen durch *Mitmachen, Interviews, Fotos, Videoaufnahmen u.ä.*
In einer Veranstaltungsreihe «Gemeinde-Report» oder beim Gemeindefest stellen die einzelnen Gruppen die von ihnen besuchte andere Gruppe vor. Erfahrungsberichte sowie die entstandenen Interviews, Fotos, Videoaufzeichnungen, vielleicht auch Bilder und Plakatwände oder eine kurze szenische Darstellung können eine solche Veranstaltung lebendig gestalten helfen.

Projekt 2:
Gemeindegruppen gestalten Gottesdienste

Zusammen mit Pfarrerin oder Pfarrer gestaltet jede Gemeindegruppe einmal jährlich einen Gottesdienst. Darin werden nicht nur «Produkte» vorgestellt.

- *So singt der Chor nicht nur seine Lieder, sondern erzählt auch von Übungsstunden, Chorfreizeiten, studiert vielleicht mit der Gemeinde einen mehrstimmigen Satz ein. Gute wie schwierige Erfahrungen der Sängerinnen und Sänger spiegeln sich in der gesamten Liturgie des Gottesdienstes – von Kyrie und Gloria, Lesungen und Predigt bis hin zu Fürbitten und Segen – wie selbstverständlich in der Auswahl der Lieder.*
- *Ähnlich können die Gottesdienste aller anderen Gruppen gestaltet werden, wobei sie in ihren sprachlichen und sonstigen Ausdrucksformen der jeweiligen Gruppe entsprechen.*

Weitere Projekte verknüpfen die Öffentlichkeitsarbeit nach innen mit der Öffentlichkeitsarbeit nach außen. Auch hierzu zwei Projektideen:

Projekt 3:
Der Kirchenvorstand gibt Einblick

Vor der Neuwahl des Kirchenvorstandes sind Namen und Fotos der Kandidatinnen und Kandidaten in Gemeindebrief, Schaukasten, Lokalpresse und vielleicht noch anderen Medien veröffentlicht worden. Danach wird es um die einzelnen Mitglieder oft sehr ruhig. Man sieht sie in Gottesdiensten, bei Gemeindefesten oder in verschiedenen Gruppen der Gemeinde. Damit in der Gemeinde aber auch bekannt wird, was die einzelnen Mitglieder in ihrer Funktion und was den Kirchenvorstand in seiner Gesamtheit besonders beschäftigt, plant der Öffentlichkeitsausschuss *eine Porträtreihe in Gemeindebrief, Lokalpresse und/oder auf der Homepage der Gemeinde, in der nacheinander jedes KV-Mitglied ausführlich vorgestellt wird – und zwar nicht nur mit äußeren Daten, sondern vor allem mit seinen/ihren Erfahrungen, Überlegungen, auch Fragen und Zweifeln, die mit der Aufgabe der Gemeindeleitung verbunden sind.*

Projekt 4:
Der Kirchenvorstand beteiligt Gemeinde

Üblich ist die regelmäßige Bekanntgabe von Tagesordnungen und Beschlüssen. Entscheidungen werden mitgeteilt und wirken sich im Gemeindeleben aus. Doch es kann wichtig sein, auch Vorgeschichte und Hintergründe solcher Beschlüsse transparent und damit nachvollziehbar zu machen. Da wurde im Vorfeld einer Entscheidung auch kontrovers diskutiert und gestritten. Ein Beschluss kam nur mit knapper Mehrheit zustande. Das darf die Öffentlichkeit durchaus erfahren!
Allerdings sind öffentlicher Einblick und Transparenz nicht bei jeder Diskussion möglich (z.B. bei Personalentscheidungen).

Berät aber der KV z. B. über religionspädagogische Ziele in der Kindertagesstätte, über das Konzept der Arbeit mit Konfirmandinnen und Konfirmanden, über Gottesdienstformen u. ä., so kann es durchaus sinnvoll sein, die Öffentlichkeit an diesem Prozess teilhaben zu lassen. Dies kann geschehen u. a. durch öffentliche KV-Sitzungen und Gemeindeversammlungen, zu denen auch die örtliche Presse eingeladen wird;

«... und dann war da auf einmal dieser Konflikt ...»

In diesem Zusammenhang ist eine Bemerkung über den Umgang mit Konflikten angebracht. Kirchengemeinden sind keine konfliktfreien Räume. Oft stoßen unterschiedliche Vorerfahrungen, Erwartungen, Überzeugungen und menschliche Eigenarten (zunächst) unversöhnlich aneinander. Immer wieder wird auch die Umgebung wie in folgendem Fall darauf aufmerksam:

In einer Gemeinde scheiden sich die Geister an einem in der Kirche ausgestellten anstößigen Bild eines Jugendlichen. Der Konflikt wird auch von den im Ort verbreiteten Zeitungen aufgegriffen. Kirchenaustritte werden angedroht, Beteiligte auf beiden Seiten reden nicht mehr miteinander, zeigen sich verletzt, fühlen sich unverstanden.

Es ist selten hilfreich, über einen solchen Konflikt den Mantel angeblich christlicher Nächstenliebe auszubreiten. Öffentlichkeitsarbeit darf an dieser wie an anderen Stellen das kirchliche Leben nicht beschönigen, Widersprüche nicht vertuschen oder verschleiern. Solche Versuche werden von der Öffentlichkeit schnell durchschaut und verstärken das verbreitete Image von Kirche als einer Gemeinschaft der letztlich unaufrichtigen und verlogenen Scheinheiligen.

Ehrlichkeit dagegen kann auch einen solchen Konflikt in eine Chance und in eine öffentlich wirksame Aussage verwandeln. Dann nämlich, wenn die Menschen in einer Gemeinde konsequent respektvoll auch mit anders Glaubenden und mit fremden Erfahrungen umgehen und der Dialog nicht abgebrochen, sondern – wenn auch unter großen Mühen – aufrecht erhalten wird. In diesem Fall müsste Kirche sich um eine positive öffentliche Wirkung ihres Redens und Handelns nicht sorgen. Es wäre Öffentlichkeitsarbeit im besten Sinne, wenn in einem solchen Konflikt nicht Machtkampf, autoritäres Durchsetzen eigener Auffassungen, Verunglimpfungen und Drohungen, sondern gegenseitige Achtung, Liebe und der Geist der Vergebung die Oberhand behielten. «Nehmt einander an wie Christus uns angenommen hat» (Römerbrief 15,7) – dieses Aufforderung des Paulus würde hier öffentlich mit Leben erfüllt.

II. Die äußere Öffentlichkeit

Spätestens mit den im letzten Abschnitt vorgetragenen Überlegungen wurde deutlich, dass die innergemeindliche Kommunikation mit ihrer Kommunikation nach außen zusammenhängt. Über die bisher genannten Beispiele hinaus aber gibt es nun zweifellos ein weites Feld der Öffentlichkeit in der Umgebung der Gemeinde, das zu entdecken und zu beackern ist. An dieser Stelle sollen keine Projektideen vorgestellt, sondern lediglich Anregungen gegeben werden:

1. *Die Gemeinde – ihre Räume und Veranstaltungen*

- Mehr als die meisten anderen Einrichtungen eines Ortes sind Kirchengemeinden allein durch ihre Gebäude präsent. So verfügen wir z.B. mit unseren Kirchenräumen über ein großes Kapital, das jedoch in vielen Gemeinden noch nicht genutzt wird. An manchen Orten sind inzwischen Kirchen nicht nur zu Gottesdiensten, sondern täglich für mehrere Stunden geöffnet. Ausliegende Bücher, in die Gäste Gedanken und Fürbitten, auch Sorgen und Zweifel eintragen können, zeigen, dass der offene, ästhetisch ansprechend gestaltete und liebevoll gepflegte Kirchenraum von vielen Menschen als Einladung zu einer Atempause wahrgenommen und auch als Ort des Kontakts zu dieser Gemeinde gern genutzt wird. Oft finden sich in solchen Gästebüchern Eintragungen von Menschen, die der Kirche eher fremd gegenüber stehen, sich in den Gottesdiensten nicht heimisch fühlen oder «einfach nur zufällig» vorüberkamen.
- Im oben beschriebenen Sinne ist ganz gewiss auch jeder Gottesdienst Öffentlichkeitsarbeit! Das gilt nicht nur für seine Inhalte, sondern auch für seine Gestaltung und seinen äußeren Rahmen. Deshalb sollte die Gemeinde auch hier mit besonderer Sorgfalt an Menschen denken, die sich in unseren Gottesdiensten fremd fühlen. Hier einige

Elemente, die signalisieren können, dass diese Gemeinde nicht nur auf Insider eingestellt ist:

- die Begrüßung durch ein Mitglied des Kirchenvorstands am Eingang;
- das vorbereitete Gottesdienstblatt, in dem die liturgischen Texte und Melodien, vielleicht auch der biblische Predigttext abgedruckt sind;
- die Abkündigungen, in denen nicht nur die Namen von Getaufen, Getrauten und Verstorbenen sowie Termine und Kollektenbeträge verlesen, sondern unter Beteiligung verschiedener Gruppen regelmäßig auch Nachrichten aus der Gemeindearbeit weitergegeben werden;
- In der Eingangsliturgie mancher Gemeinden ist eine «Zeit zur Begrüßung untereinander» zu einer schönen Tradition geworden: alle, die diesen Gottesdienst miteinander feiern, haben zwischen Eingangsvotum und dem ersten Gemeindelied die Gelegenheit, sich noch einmal zu erheben und Bekannte wie Fremde zu begrüßen.

– Erste Anlaufstelle und damit imagebildend ist in der Regel das Pfarrbüro. Wie «kundenfreundlich» ist es im Blick auf Öffnungszeiten, Erreichbarkeit, Einrichtung und Umgangsformen bis hin zu brauchbaren Informationen am Anrufbeantworter – auch für Menschen, die sich in der Gemeinde nicht auskennen?
– Auch alle anderen Räume im Gemeindezentrum sollten so gut auffindbar und gekennzeichnet sein, dass sich Menschen zurechtfinden, die sich nur selten hier aufhalten.
– Nach wie vor ist der Schaukasten ein wichtiges Schaufenster der Gemeinde. Er ist über die Mitteilung amtlicher Nachrichten hinaus vielseitig nutzbar – u. U. dadurch, dass monatlich oder vierteljährlich wechselnd eine Gemeindegruppe die Verantwortung für seine Gestaltung übernimmt. Wie in allen anderen Bereichen können auch

hier vorhandene Arbeitshilfen und Materialien genutzt werden.

- Ein Gemeindebrief wird in vielen Gemeinden mit großem Aufwand hergestellt und verbreitet. Hier ist zu bedenken, dass bei der Flut von Postwurfsendungen und Werbebroschüren ein solches Blatt in den Haushalten leicht untergehen kann. Gut ist es deshalb, wenn der Gemeindebrief bestimmten Zielgruppen (Neuzugezogene, Alte und Kranke, Konfirmandeneltern usw.) mindestens für eine gewisse Zeit etwa durch Mitarbeitende im Besuchsdienst persönlich überbracht wird.
- Schließlich ist heute ein guter Internet-Auftritt wünschenswert – sinnvoll allerdings nur, wenn er regelmäßig aktualisiert werden kann. Jedoch finden sich in jeder Gemeinde Jugendliche und gewiss auch manche Erwachsene, die sich hier gern engagieren! Auf der Homepage der Gemeinde können neben Gottesdienst- und Veranstaltungsterminen auch Predigten und Berichte aus dem Gemeindeleben veröffentlicht oder ehrenamtlich und hauptamtlich Mitarbeitende vorgestellt werden.

2. *Kirche vor Ort*

- Kirchengemeinden und ihr Angebot sind an ihrem Ort seit langem nicht mehr konkurrenzlos. Es nützt aber z. B. wenig, sich über Sportwettkämpfe zur Gottesdienstzeit oder Vereinsveranstaltungen während eines Kirchen-Konzertes zu beklagen. Stattdessen sind das Gespräch und rechtzeitige Terminabsprachen mit Vereinen und Verbänden zu suchen, ist um gegenseitiges Verständnis zu werben. Auch solches Werben ist Werbung! Vielleicht entsteht irgendwann aus diesem Dialog die Idee eines Gottesdienstes vor einer Sportveranstaltung auf dem Sportplatz. (mögliches Thema: Leben mit Leib und Seele);
- Schulen und Vereine haben es mit denselben Jugendlichen zu tun wie die kirchliche Jugendarbeit. Der Dialog

über Situation und Bedürfnisse von jungen Menschen sowie die Suche nach Kooperationsmöglichkeiten sind an dieser Stelle Formen der Öffentlichkeitsarbeit!

– Notwendig ist weiterhin die Präsenz von Mitgliedern des Kirchenvorstandes und anderen Gemeindemitgliedern bei öffentlichen Anlässen im Ort. Man muss zwar nicht «auf allen Hochzeiten tanzen», sollte aber bewusst an Veranstaltungen teilnehmen, die von öffentlichem Interesse sind oder einen wichtigen Stellenwert im Jahreslauf des Ortes einnehmen. So wird z. B. ein großes Volksfest mit einem ökumenischen Gottesdienst eröffnet oder die Gemeinde betreibt einen Stand auf diesem Fest.
– Zu wichtigen Gesprächs- und Kooperationspartnern können die in einer Gemeinde lebenden und arbeitenden Künstlerinnen und Künstler werden. Kunst und Religion sind Geschwister, denn beide fragen nach Wahrheiten, die hinter dem Vordergrund unserer Wirklichkeit liegen. Es gibt viele Werke auch der zeitgenössischen Kunst, die in einer Kirche ausgestellt werden oder im Mittelpunkt eines Gottesdienstes stehen können. Auch Kunstwerke, deren Antworten nicht auf unserer «Linie» liegen, sind als Gegenüber wertvoll.
– Entscheidend für die öffentliche Präsenz der Gemeinde am Ort ist die Erkennbarkeit und Identifizierbarkeit der Menschen, die diese Gemeinde in der Öffentlichkeit repräsentieren. In der Regel sind Pfarrerin oder Pfarrer sowie einige (langjährige) Mitglieder des Kirchenvorstandes bekannt. Es sollte aber darauf hingearbeitet werden, dass alle KV-Mitglieder sowie auch möglichst viele andere Ehrenamtliche mit ihren unterschiedlichen Aufgaben im Ort bekannter werden. Porträts über diese Menschen wie auch Erfahrungsberichte aus ihrer Arbeit können regelmäßig in Gemeindebrief, Lokalzeitungen und Internet veröffentlicht werden. Schließlich ist es einer gründlichen Überlegung wert, ob sich nicht diese Menschen auch durch ein

Hinweisschild an ihrer Haustür als Mitarbeitende und AnsprechpartnerInnen ihrer Kirchengemeinde zu erkennen geben können.

Hier schließt sich der Kreis unseres Gedankenganges (vgl. Grund-Satz 5 am Anfang): Das wichtigste Kommunikations-«Medium» sind und bleiben die Menschen in Kirche und Gemeinden. Es kommt darauf an, dass wir unser Christsein nicht für uns behalten, sondern in unser Gemeinwesen hinein weitergeben wollen; dass wir unser Licht nicht unter den Scheffel stellen, sondern mit unseren Pfunden wuchern; dass wir als Kirche kontaktbereit und gesprächsfähig sind.

Sicherlich kann keine Gemeinde alle genannten Anregungen und weitere, hier nicht aufgeführte Ideen realisieren. Deshalb wird es auch in der Öffentlichkeitsarbeit wichtig sein, Prioritäten zu setzen, in kleinen Schritten voranzugehen und sich dabei an der konkreten Situation der Gemeinde und an ihrem Leitbild zu orientieren.

Literatur

Reden von Gott in der Welt – Der missionarische Auftrag der Kirche an der Schwelle zum 3. Jahrtausend, hrsg. vom Kirchenamt der EKD, Frankfurt 2000
Evangelisation und Mission, Ein Votum des Theologischen Ausschusses der Arnoldshainer Konferenz, Neukirchen-Vluyn 1999
Michael Herbst, Und sie dreht sich doch – Wie unsere Volkskirche wieder zu einer Kirche für das Volk wird, Asslar 2001
Hermann Birschel, Matthias Keilholz, Kirche 2000 – Gemeinden im Aufbruch, Neukirchen-Vluyn 2000
Hermann Birschel, Johannes Seemann, Fabian Vogt, Sie sind gefragt!, Edition Kirche mit Vision, Asslar 1999
Paul-Ulrich Lenz, Mehr als nur ein Fest – Wege zur Gemeindewoche, Neukirchen-Vluyn 2001
Wolfgang Vorländer, Gottes Gastfreundschaft im Leben der Gemeinde, Stuttgart 1999
Christian Möller, Wenn der Herr nicht das Haus baut ..., Briefe an Kirchenälteste zum Gemeindeaufbau, Göttingen 5. Auflage 1998
Wolfgang Huber, Kirche in der Zeitenwende, Gütersloh 1999
Arbeitsbuch Ökumenische Gemeindeerneuerung – Bausteine zur Gemeindeentwicklung in ökumenischer Weite, Weltmission heute 34, Hamburg 1998, kostenlos bzw. gegen Spende zu beziehen beim Evangelischen Missionswerk in Deutschland, Normannenweg 17-21, 20537 Hamburg.
«Brücken bauen – Eine Initiative der Evangelischen Kirche in Deutschland», Heft 1-5, über Gemeinschaftswerk der

Evangelischen Publizistik e. V. (GEP), Postfach 500550, 60394 Frankfurt/M, Tel.: 069/580980, Fax: 069/58098100, E-Mail: info@gep.de
Zeitschrift «Brennpunkt Gemeinde», Impulse für missionarische Verkündigung und Gemeindeaufbau, Aussaat Verlag, Neukirchen-Vluyn
Texte & Inspirationen, 6 Bände, hg. von Joachim Feige u. a., Neukirchen-Vluyn

Adressen

Zentrum Verkündigung der EKHN, Fachbereich Missionarisches Handeln und Geistliches Leben, Solmsstraße 8, 60486 Frankfurt/Main, Tel. 069/71719935, Fax 069/71719934, E-Mail: info.mhgl@zentrum-verkuendigung-ekhn.de

Arbeitsgemeinschaft Missionarische Dienste (AMD) im Diakonischen Werk der EKD, Postfach 33 02 20; 14172 Berlin, Altensteinstr. 51; 14195 Berlin, Telefon: (0 30) 8 30 01-3 13, Telefax: (0 30) 8 30 01-3 33, E-Mail: amd@diakonie.de, www.a-m-d.de
hier auch Adressen landeskirchlicher Einrichtungen und Kontaktadressen!

Haus der Stille, Waldhof Elgershausen, 35753 Greifenstein, Tel. 06449/6798, Fax 06449/6797, E-Mail: hausderstille@t-online.de, www.hausderstille.de

Gemeindekolleg der VELKD, Berlinstraße 4-6, 29223 Celle, Tel.: 05141/53014, Fax: 05141/53016, E-Mail: gemeindekolleg.celle@t-online.de, www.gemeindekolleg.de

Autorin und Autoren

Dieses Buch ist entstanden im «Zentrum Verkündigung der Evangelischen Kirche in Hessen und Nassau» (EKHN), Fachbereich «Missionarisches Handeln und Geistliches Leben», Frankfurt/Main. Aus Anlass der EKHN-Kirchenwahl 2003 bündelt es Erfahrungen aus der langjährigen Arbeit mit Gemeinden und Kirchenvorständen.

Die Autorin und die Autoren:

Hermann Birschel
ist Pfarrer und seit 1996 zuständig für das Referat «Ehrenamtliche Verkündigung» und damit für 1400 LektorInnen und PrädikantInnen der EKHN, zuvor 16 Jahre Gemeindepfarrer im Odenwald. Er ist verheiratet und lebt mit seiner Frau und vier Kindern in Fürth/Odenwald.

Paul Martin Clotz
seit 35 Jahren Pfarrer in verschiedenen Berufsfeldern: Stadtrandgemeinde, Neubausiedlung, Landespfarrer für Kindergottesdienst, Hausmann im Pfarrhaus seiner Frau mit vier Kindern, derzeit Referent für Geistliches Leben.

Wolfgang Freitag
ist Gemeindepädagoge und war bis 1998 im damaligen «Amt für missionarische Dienste und Gemeindeaufbau» zuständig für Gemeindeaufbau-Projekte. Er arbeitet jetzt in der Krankenhausseelsorge in Herborn.

Paul-Ulrich Lenz
betreut das Referat «Evangelisation, Bibelwochenarbeit, Ge-

meindeseminare und Hauskreisarbeit». Ein Schwerpunkt seiner Arbeit ist die Entwicklung und Durchführung von Gemeindewochen und Projekten, die zum Glauben einladen. Er lebt mit seiner Frau in Friedberg. Die vier Kinder sind auf dem Weg in die Selbständigkeit.

Christine Noschka
ist seit dem Jahr 2001 Leiterin des neu gebildeten «Zentrums Verkündigung» und war zuvor Gemeinde- und Studentenpfarrerin.

Georg Pape
insgesamt 21 Jahre Gemeindepfarrer in zwei Gemeinden; 9 Jahre Fortbildner in verschiedenen Bereichen kirchlicher Jugend-, Sozial- und Kulturarbeit. Seit 2002 Referent für Gemeindeentwicklung und Besuchsdienst im Zentrum Verkündigung der EKHN; Gemeindeberater i.A.